Lebensschule zur Lebensbemeisterung
Der Weg zum kosmischen Bewusstsein

Band 5

Lebensschule zur Lebensbemeisterung

Der Weg zum kosmischen Bewusstsein

Band 5

von Gabriele

Gabriele-Verlag
Das Wort

1. Auflage April 2011

Max-Braun-Str. 2, 97828 Marktheidenfeld
Tel. 09391/504-135, Fax 09391/504-133

Internet: http://www.das-wort.com

Druck: Klar Druck GmbH, Marktheidenfeld
Coverfoto: © Sergey Galushko

ISBN 978-3-89201-328-0

Inhalt

Zum Geleit 9

22. Sendung:
Die vierte göttliche Grundkraft, die vierte Stufe zum wahren Leben: der göttliche Ernst 15

Das Reich Gottes ist der Seele wahres Sein, unsere ewige Heimat 15

Die Wiederentfaltung des göttlichen Erbes mit der Kraft des Christus Gottes 16

Auf der Stufe des Ernstes werden wir zu Gestaltern unseres Lebens. 22

Senden und Empfangen – grenzenlose Kommunikation. Die Verbindung zur All-Kraft hat selbstloses, unpersönliches Denken, Reden und Tun zur Folge. 31

Den wahren Schatz, den Stein des Weisen, heben – inneren Reichtum gewinnen 38

23. Sendung:
Die vierte göttliche Grundkraft, die vierte Stufe zum wahren Leben: der göttliche Ernst 46

Ernsthaftigkeit, Eigenständigkeit, Gewissenhaftigkeit, Treue zu Gott und dem Nächsten machen Seele und Mensch wertvoll 46

Charakterstärke, Selbstverantwortlichkeit, Lauterkeit und Wahrhaftigkeit sind gefragt. Kumpanei und Schönrederei sind verdeckt wirkende Mittel, um Energie zu erlangen 47

Die Inhalte unseres Denkens bestimmen unser Erdenleben. Wohin neigt sich das Zünglein der Waage unseres Verhaltens? 54

Durch Kommunikation zu unserem wahren, ewigen Leben Annäherung an höhere Werte 59

Die Zurückhaltung des ernsthaften, gewissenhaften Menschen: Anstand, Benehmen, Ethik, Moral und Stil 63

24. Sendung:
Die vierte göttliche Grundkraft, die vierte Stufe zum wahren Leben: der göttliche Ernst 67

Ein neues Lebensbild zeichnet sich ab: eine höhere Seelen- und Körperstrahlung, die Aufnahme von Kommunikation zu höheren Lebensenergien 67

Evolution durch das göttliche Prinzip „Verbinde und sei". „Trenne, binde und herrsche" kennzeichnet das Ego-Gesetz. 72

Der geistig reife Mensch wendet sein Gefühlspotential an. Er schaut in allem die Wahrheit und wird vom universalen Gesetz, der Wahrheit, getragen. 78

25. Sendung:
Die vierte göttliche Grundkraft, die vierte Stufe zum wahren Leben: der göttliche Ernst 82

Leben im Geiste der Freiheit 82

Freiheit nur in der Einheit. Wir Menschen begrenzen uns durch unser falsches, einengendes Denken, durch die Ichbezogenheit 83

Frei werden von Friedlosigkeit, Machtstreben und Zwängen. Reif werden für göttliche Inspiration 92

Den Kern in allem erfassen – Zuwachs an Souveränität in allen Lebensbereichen 102

Wachsen und größer werden – größere Gedanken wachsen und werden lassen 107

Zum Geleit

Wie fühlt man sich, wenn man sich in einem Labyrinth verlaufen hat? Und wie findet man wieder heraus? Ganz einfach: Man braucht einen Faden, an dem man sich orientieren kann, so wie der Faden der Ariadne in der griechischen Sagenwelt einer war.
Fühlen wir Menschen uns nicht oft wie in einem Labyrinth? Wir kreisen doch häufig um uns selbst, denken und fühlen täglich in althergebrachten Bahnen, an die wir uns schon gewöhnt haben – und spüren täglich mehr, dass nichts vorwärts geht. Die Unzufriedenheit wächst, Katastrophen und Schicksalsschläge häufen sich, die „Einschläge" kommen immer näher. Was tun?

Wir könnten das Angebot annehmen, das „Angebot vom universalen Geist, Gott, unserem himmlischen Vater", von dem in diesem Buch, ja in der gesamten Buchreihe, immer wieder die Rede ist. Es ist der Weg nach Innen, der Weg zum kosmischen Bewusstsein, der uns herausführt aus unserer selbstverschuldeten Begrenztheit, aus der intellektuellen Oberflächlichkeit unserer labyrinthischen Gehirnwindungen, die nur ihre kleine Ich-Welt kennen und sonst nichts. Denn, sind wir doch ehrlich: „Wir beschäftigen uns zu viel mit uns selbst und vergessen dabei, dass rund um uns und über uns das Leben ist, das zu uns gehört und in dem unbegrenzte Einheit und Freiheit walten."

Und wie finden wir zu diesem Leben? Wie finden wir den Faden, der uns dorthin führt? – Das ist einfacher, als wir es uns vielfach vorstellen, denn in uns ist der Weg angelegt, der Innere Weg, der zum Ziel führt. Und tief in uns, im Urgrund unserer Seele, steckt – immer schon! – das kosmische Bewusstsein und wartet darauf, dass wir es endlich erschließen und freilegen – indem wir, eines nach dem anderen, die Denk- und Verhaltensmuster erfassen und beiseite räumen, die uns daran hindern, die Weite zu erfassen, die in uns bereit liegt. Christus, unser innerer Freund, unser innerer Helfer und Ratgeber, hilft uns dabei!

In allem liegt Antwort und Lösung! Das ist eine der Kernaussagen in dem vorliegenden fünften Band der Reihe. Gabriele, die Prophetin und Botschafterin Gottes, erläutert uns darin unter anderem, was ***Ernsthaftigkeit*** bedeutet – diese hat mit „Bierernst" oder Freudlosigkeit nicht das Geringste zu tun, o nein: aufrichtige Konsequenz, Tatbewusstsein, Entschiedenheit, Gewissenhaftigkeit ... Wem mangelt es daran nicht? Mit Entschiedenheit sich selbst zu durchleuchten, um Gott in sich zuzustreben – wer dieses Ziel vor Augen hat, der wird auch aus dem vorliegenden Buch unschätzbaren Gewinn ziehen.

Nachfolger des Jesus von Nazareth

Gabriele – Gott nennt sie
Seine Prophetin und Botschafterin

Sendung 22

Die vierte göttliche Grundkraft, die vierte Stufe zum wahren Leben: der göttliche Ernst

Das Reich Gottes ist der Seele wahres Sein, unsere ewige Heimat

Die *Lebensschule zur Lebensbemeisterung* gibt Informationen über den Inneren Weg, den Weg zum Reich Gottes im Urgrund unserer Seele. Jesus von Nazareth lehrte, dass das Reich Gottes inwendig im Menschen ist. Es ist also als Kraft, Licht und Wegweisung im Urgrund der Seele eines jeden Menschen. Das Reich Gottes ist somit der Seele wahres Sein, unsere ewige Heimat. Die Urwurzeln unseres reinen Seins im Urgrund unserer Seele sind im Reich Gottes verankert, dessen Gesetze die Liebe, die Freiheit, der Friede, die Einheit, Gerechtigkeit und Brüderlichkeit, gleich Geschwisterlichkeit, sind. Gott, unser ewiger Vater, ist der Vater aller Seiner Kinder; deshalb sind wir Menschen untereinander Brüder und Schwestern. Wir alle – ob reine Wesen, Seelen oder Menschen – haben *einen* Vater, der im Reich Gottes, im Himmel ist.

Die Wiederentfaltung des göttlichen Erbes mit der Kraft des Christus Gottes

In der *Lebensschule zur Lebensbemeisterung* wurde bereits ausgeführt, dass das Reich Gottes aus den sieben Grundkräften besteht. Diese bilden das ewige Gesetz, das universale Leben. Wir Menschen nennen die Grundkräfte des Gottesgeistes auch Urkräfte des Seins, weil sie zugleich universale Schöpfungsenergien sind. Es sind die Ordnung, der Wille, die Weisheit, der Ernst, die Geduld, gleich Güte, die Liebe und die Barmherzigkeit, gleich Sanftmut.

Wir sind derzeit Menschen. Im Urgrund unserer Seele jedoch befindet sich das göttliche Wesen, das im ewigen Vaterhaus seine Wurzeln hat und das aus den sieben Grundkräften besteht. Der Leib jedes göttlichen Wesens, jedes Geistwesens, ist somit komprimiertes ewiges Gesetz. Unser physischer Körper besteht aus Zellen, unser geistiger Leib, unsere Seele, aus Partikeln.

In der *Lebensschule zur Lebensbemeisterung* lernen wir, wieder Einblick in unser wahres Sein zu gewinnen, in den geistig-göttlichen Aufbau, in die Struktur unseres geistigen Körpers, der im Urgrund unserer Seele pulsiert. Wir Menschen haben Aspekte der sieben Grundkräfte belastet, also verschattet. Wir nennen die Verschattung auch Sünde. Deshalb spricht der Mensch nicht von seinem geistigen Leib, sondern von seiner Seele. Der Mensch, und mit ihm seine Seele, sind im Erdenleben auf der Wanderschaft, um die eventuell in Vorinkarnationen und in dieser Einverleibung sich selbst auferlegten Sünden zu ergründen, sie zu bereuen, zu bereinigen und nicht mehr zu tun.

Immer mehr Menschen glauben an die Reinkarnation der Seele. Sie halten es für möglich, dass eine Seele in wiederholten Erdenleben die

Chance erhält, sich zu reinigen und zu durchlichten. Daran glauben auch die Nachfolger des Jesus, des Christus. Oftmals kann der Mensch die Verschattungen der Seele, den Niederschlag seiner Sünden, in der Kürze einer Einverleibung nicht vollständig aufarbeiten. Deshalb ist der Seele von Gott, unserem himmlischen Vater, die Gnade gegeben, erneut zu inkarnieren, um in einem weiteren Erdenleben das zu beheben, was in vorhergehenden Inkarnationen vom Menschen nicht behoben, nicht gutgemacht wurde. Daraus ergibt sich, dass es ein Gefangensein der Seele in ihrer Sündenbelastung in Finsternis und Gottferne ohne Ende nicht geben kann. Das Wissen um die Reinkarnation hebt die falsche Lehre von der ewigen Verdammnis auf.

Jeder Mensch befindet sich, wie gesagt, in der Erdenschule, um – wenn möglich – in diesem Erdenleben *das* zu überwinden und zu tilgen, was seine Seele immer wieder zur Einverleibung zieht. Seele und Mensch reinigen sich, indem der Mensch hinter die Selbstverschleierung der Inhalte, die in seinem Denken, Reden und Tun sind, blickt, diese verhohlenen, verdeckten Aspekte näher beleuchtet und sie an den Zehn Geboten Gottes durch Mose und an der Bergpredigt Jesu misst – und dann sein Fehlverhalten, das wir auch Sünde nennen, erkennt, bereut, bereinigt und nicht mehr tut. Dadurch befreit sich die Seele von ihren Verschattungen, und in der Folge reinigen sich auch die Zellen des physischen Leibes.

Ein Merksatz: Des Menschen Seele, ebenso sein physischer Körper, speichern sein Sündhaftes. Daraus entwickeln sich die unterschiedlichsten Schicksale. Not, Sorgen und Krankheiten sind letztlich immer der Ausfluss aus unserer Seele, der das Dunkle, das Sündhafte, womit wir uns belastet haben, im physischen Körper anregt und zur Wirkung, gleich Auswirkung, kommen lässt.

Zu unseren ewigen Wurzeln, zu unserem göttlichen Erbe, das die Essenz der sieben Grundkräfte ist und woraus der geistige Leib besteht, führt uns der Innere Weg, auch der siebenstufige Pfad genannt. Er führt uns schrittweise zu lichteren Höhen und ganz allmählich zu Gott, unserem himmlischen Vater, zu unserem wahren Sein. Auf diesem Weg ist der Christus-Gottes-Geist unser Innerer Helfer und Ratgeber. Sein Licht wirkt in uns. Das erlösende Christus-Gottes-Licht vermag die negativen Energien, die der Mensch durch sein ungutes Fühlen, Denken und Handeln geschaffen hat, umzuwandeln in positive, göttliche Kräfte.

Jesus von Nazareth lehrte uns, dass Er, Jesus, der Christus, der Weg, die Wahrheit und das Leben ist. Daher gelangt keiner zum ewigen Vater in das Reich Gottes, zu den Urwurzeln seiner Seele, einzig durch die erlösende Kraft, durch Jesus, den Christus.

In der *Lebensschule zur Lebensbemeisterung* erfuhren wir im Zusammenhang mit dem Weg nach Innen schon einiges zu den Grundkräften

der Ordnung, des Willens und der Weisheit. Wer das nicht nur zur Kenntnis nahm, sondern geistige Lernschritte vollzog, der stellt nun einige positive Veränderungen in seinem Verhalten fest. Die Einstellung zum Leben wurde zielbewusster, die Gedanken wurden heller, freundlicher und lichter, und sein Gemüt ist nun sonniger.
Wer zielorientiert denkt, der lebt bewusst im Tag. Auch in der Familie und am Arbeitsplatz erfasst er immer rascher die jeweilige Situation, um daraus die nächsten Schritte herauszuarbeiten. Die Aspekte der ersten drei Grundkräfte – Ordnung, Wille und Weisheit – haben wir so weit, wie sie aus den dreidimensionalen Worten aufgenommen werden konnten, umgesetzt und eventuell für unser Erdendasein einige gute Ergebnisse erzielt.

Die vierte Grundkraft, der göttliche Ernst, weist uns auf die Ernsthaftigkeit bezüglich der fruchtbaren Aktivität hin, also auf die Gewissenhaftigkeit in unserem Verhalten, z.B. gegenüber unseren Mitmenschen oder der Mutter Erde mit ihren Tieren und Naturreichen.

Auf der Stufe des Ernstes werden wir zu Gestaltern unseres Lebens.

Wenn vom Ernst die Rede ist, denken viele an das Erdenleben, das nicht immer sonnig ist. Für so manchen bedeutet also der Begriff „Ernst" zunächst eine gewisse Freudlosigkeit. Der Ernst, der hier gemeint ist, will aber genau das Gegenteil vermitteln. Mit dem Wort „Ernst" ist die aufrichtige Konsequenz im Handeln gemeint, jene Freude, die das Tatbewusstsein in unser Leben bringt.

Wer sein Leben entschieden mit dieser Ernsthaftigkeit, gleich Gewissenhaftigkeit, bemeistert, kann sich zu Recht freuen, denn er hat eigenständige Schritte in seinem Leben getan und so manches bezwungen, was ihn sonst in das Tal der Bitternis gezogen hätte. Denn ohne wahre Ernsthaftigkeit, die von Festigkeit und innerer

Stabilität geprägt ist, übernimmt der Mensch letztlich nicht voll die Verantwortung für sein Leben und gibt bei jedem Missgeschick stereotyp anderen die Schuld.
Haben wir zur wahren Ernsthaftigkeit in der Grundkraft des Ernstes gefunden, so verfügen wir über Weitblick und über die Aufmerksamkeit, die Einblick beinhaltet. Der gewissenhafte, ernsthafte Mensch hat gelernt, zu wägen und zu messen. Er weiß um das Sammeln und Bewahren von Energien. Er hat gelernt, dass auch die Kumpanei mit einer Vergeudung von Energien einhergeht. Er meidet lange, unproduktive Gespräche am Arbeitsplatz wie in der Familie. Er wird nicht sinnlos Zeit verschwenden, sondern stets das Wesentliche beleuchten und dieses zum Tragen kommen lassen.
Jüngeren Menschen ist geraten, Gleiches ebenso bei schulischen Aufgaben zu beachten, aber auch in der Freizeit, z.B. bei Sport und Spiel.

Die Ernsthaftigkeit lehrt uns also, keine Energie unnütz zu vergeuden, weil das Vergeuden von

Energie Seele und Körper schwächt. Recht verstandene Ernsthaftigkeit bringt also keine trübseligen, traurigen und freudlosen Aspekte in unser Dasein. Wir werden nicht abgestumpft, verfallen nicht in Verzagtheit und Niedergeschlagenheit, ganz im Gegenteil: Der wahrhaft ernsthafte Mensch, der sein Erdenleben in die Hand nimmt, seine Tage nützt und sich auf höhere Ethik und Moral ausrichtet, ist der entschlossene Mensch, der weiß, was er will. Er ist nicht nur darauf bedacht, das Vergeuden von Energie zu vermeiden, sondern seine Energie zu vermehren. Dabei ist er mit sich selbst konsequent in der Bewusstwerdung, dass er das, was er tut, mit Bewusstsein vollzieht. Das heißt: Er denkt, spricht und handelt gemäß der kostbaren Lebensregel, die besagt: Nütze den Augenblick! Was du tust, das tue ganz.

Wer gelernt hat, seinen Tag zu bestimmen, indem er die Augenblicke seines Tages nützt, der ist in allem, was er denkt, redet und tut, bei sich selbst. Er ist also mit vollem Bewusstsein dabei, was besagt: Er weiß um die Inhalte seiner Gedanken, Worte und Handlungen und hütet sich, anders zu denken, zu reden und zu handeln, als ihm seine höher gesteckten Ziele vorgeben. Der ernsthafte, gleich gewissenhafte, Mensch nützt also den Augenblick im Tagesgeschehen. Er ist gefasst, gleich gesammelt, um das auszuloten, was der Tag, die Situation des Tages, bringt. Zeigt ihm der Tag Konstruktives, Aufbauendes auf, dann wird er ernsthaft darüber nachdenken, denn er hat durch Wachsamkeit erfahren, dass oftmals in einem Detail der Impuls für eine gewisse Weiterentwicklung liegt. Ein weiterer Schritt für die Zukunft zeichnet sich ab. Zeigt der Tag Ungutes auf – wie beispielsweise Streit oder gar Niederlagen –, dann fühlt und weiß der wahre ernsthafte, gewissenhafte Mensch, der den Augenblick im Bewusstsein hat, wie z.B. Streit geschlichtet werden kann, ohne dass es allzu viele sogenannte Scherben gibt.

Menschen, die durch ihre Lebensbemeisterung bei sich selbst angekommen sind, werden zu

Gestaltern ihres Lebens. Sie fühlen und erkennen, wie man selbst aus Niederlagen das Beste machen kann, denn in allem ist nicht nur Negatives, sondern immer auch der Keim des Positiven. Sie kitten nicht die Scherben; sie sind bemüht, den Grund des Übels herauszufinden, um diesen oftmals immer wiederkehrenden Ansatz zu Missgeschick, zu Fehlentwicklungen zu beheben. Menschen, die also bei sich angekommen sind, sind freie Menschen, weil sie von anderen unabhängig sind. Sie haben gelernt, was es bedeutet, aus dem Urgrund der Wahrheit zu schöpfen, die uns die Zehn Gebote Gottes vorgeben und ebenso die Lehren des Jesus von Nazareth – vorwiegend Seine Bergpredigt.

Menschen, die ihr Erdendasein nützen, um das Gute zu nähren, sind friedvolle Menschen. Sie sind gute Analytiker bis hin zu Tiefenanalytikern, die jede Situation – und sei diese noch so sehr verfahren – dahingehend ausloten, wie daraus das Beste zu erzielen wäre. Ihre innere Motivation, ihr Ansporn ist, Lebensgewinn zu erlangen, nicht einzig für sich selbst, sondern letztlich für ihre Mitmenschen, für die Familie und für ihre Arbeit. Das gilt auch im Für und Wider in Gesprächen, die oftmals kein Ende finden wollen. Trotzdem kann durch angewandte Ernsthaftigkeit ihr Abschluss doch vielversprechend sein.

Wir Menschen sprechen sehr oft von „gut" oder „weniger gut". Machen wir uns bewusst: Nur einer ist gut; es ist Gott, das Leben. Gott ist also das wahre Leben, das wir in den Geboten Gottes und in der Bergpredigt Jesu finden. Gewissenhafte, ernsthafte Menschen, sind auch Gemeinschaftsmenschen. Sie strahlen das aus, was sie denken und leben. Ihr Erscheinungsbild ist offen, klar und souverän. Sie haben nichts zu verbergen, weil sie gelernt haben, sich selbst zu durchleuchten, indem sie das näher betrachtet haben und betrachten, was *in* ihren Gedanken, Worten und Handlungen vor sich geht. Sie haben es in der persönlichen Wurzelfindung zur Meisterschaft gebracht. Sie filtern aus ihrem Verhalten das heraus, was sie trügerisch, feige und gleichgültig macht, um dies zu beheben, weil Ernsthaftigkeit, Gewissenhaftigkeit und Ehrlichkeit der Maßstab in ihrem Leben sind. Ein solches Charakterbild ist vertrauenerweckend, denn die Gesichtzüge sind offen und klar, so auch das gesamte Verhalten gegenüber Menschen und jeder Situation. Der Ernst, gleich die Ernsthaftigkeit, ist also ein Merkmal, gleichsam ein Charakterzeichen, für geistige Bildung, für Souveränität und Gewissenhaftigkeit. Ernsthafte Menschen haben sich und ihr Leben verantwortungsbewusst in der Hand. Für sie gilt die Lebensregel der Bergpredigt Jesu: *„Was du willst, dass dir andere tun sollen, das tue du ihnen zuerst"*, oder anders gesprochen: *„Was du nicht willst, dass man dir tu', das füg' auch keinem anderen zu."*

Menschen, die Schritte in das Bewusstsein des Ernstes tun, sind zunehmend sich selbst und ihren Zielvorgaben treu. Sie stehen über den Wechselfällen des irdischen Daseins. Sie lassen sich vom Leben oder von den Lebensabläufen nicht beherrschen, sondern sie beherrschen mehr und mehr ihr Erdenleben. Sie sind nicht mehr abhängig von der Bestätigung durch andere; sie denken und reden und handeln gemäß ihren Erkenntnissen, was wahres Leben anbelangt. Sie lernen, täglich mehr die Gebote Gottes und die Bergpredigt Jesu anzuwenden. Dadurch ist ihr Alltag zielbewusst. Wenn Gottes Wille die Gedanken, Worte und Handlungen des Menschen durchzieht, wird dieser von innen heraus „aufgeräumt", das heißt souverän. Das sind die konzentrierten Menschen, die auf den Augenblick des Tages achten.

Bewusst lebende Menschen haben nicht nur harmonische, ausgewogene Gesichtszüge, auch ihre Bewegungen sind harmonisch und somit ethisch und stilbewusst geprägt. Sie arbeiten in Kommunikation mit den kosmischen Kräften, die wir Menschen Gott oder Gottes Gesetze nennen. Ihre Ausstrahlung weist edle und feine Charakterzüge auf. Allgemein ist zu sagen: Jeder Mensch strahlt das aus, was er denkt und wonach er lebt.

Ein Merksatz für Menschen in der *Lebensschule zur Lebensbemeisterung* lautet: Was wir Menschen denken, reden und tun, wie wir also leben, das zeichnet uns.

Jeder Mensch hat somit seine Körpersprache, die ihn prägt, gleich zeichnet. Der ernsthafte, gewissenhafte und souveräne Mensch hat gelernt, daraus zu lesen, weil ja jeder von uns das Spiegelbild, der Ausdruck seiner persönlichen Gefühle, Empfindungen, Gedanken, Worte, Handlungen, seines ganzen Verhaltens, ist. Ein tiefgreifender Lebensgewinn ist das Ergebnis der Kommunikation, des Kommunizierens mit den universalen Kräften, die in allem vorhanden sind und die Aufschluss über das geben, was uns bewegt, was wir also nach dem Prinzip Senden und Empfangen aktivieren. Wahre und tiefe Kommunikation ist das Verbundensein mit dem Gesetz des Lebens. Das All-Gesetz ist der höchste Lebensgewinn, den ein Mensch zu erreichen vermag. Er heißt: Gleichheit, Freiheit, Einheit, Brüderlichkeit gleich Geschwisterlichkeit und Gerechtigkeit. Das sind die fünf Lebensmerkmale der göttlichen Wesen im Reich Gottes.

Senden und Empfangen –
grenzenlose Kommunikation. Die Verbindung zur All-Kraft hat selbstloses, unpersönliches Denken, Reden und Tun zur Folge.

Haben wir uns damit vertraut gemacht und Erfahrungen gesammelt, dann werden wir sehr bald merken, wie sich Kommunikation in Senden und Empfangen auswirkt, denn alles, aber auch alles, was wir ansenden, sendet zurück, je nach Strahlungsintensität der entsprechenden Frequenz, die von uns ausgeht. Jeder Mensch sendet also positiv oder negativ aus. Die inhaltlichen Merkmale unserer Gedanken, Worte und Wünsche sind das Sendepotential, von dem Gleiches und Ähnliches an uns zurückstrahlt. Kosmische Kommunikation ist das Senden und Empfangen positiver Kräfte.

Seien wir achtsam, und beachten wir auch Folgendes: Negatives Senden und Empfangen zieht ebenfalls gleiches und ähnliches Ungutes an, das dann auf uns zurückkommt.

Ein Merksatz: Kosmische Kommunikation heißt, mit dem Innersten des Menschen unseres Nächsten in Kommunikation zu stehen, weil im Urgrund der Seele, im kosmischen Gesetz der Brüderlichkeit, gleich Geschwisterlichkeit, jeder Mitmensch unser Bruder, unsere Schwester ist.

Jeder Mensch steht also ohne Unterlass in Kommunikation – sowohl im Positiven als auch im Negativen. Wir kommunizieren mit unserer Arbeit. Wir, jeder Einzelne von uns, bringt das, was er aussendet, da und dort in Bewegung. Es kommt auf uns zurück. Prägen wir uns ein: Was von uns ausgeht, nimmt Kommunikation auf mit dem, was wir aussenden. Doch nicht, indem wir uns selbst etwas vormachen, z.B. uns lediglich einreden wollen: „Ich denke jetzt positiv." Achtung! Es geht einzig um das, was in

Wahrheit hinter unseren Gefühlen, Gedanken, Worten und Handlungen steht. Das ist unser Charakterbild. Das ist maßgebend. Was wir also aussenden an Positivem oder Negativem, beides kommt auf uns zurück und zeichnet den Menschen.

Ein Leitsatz für jeden, der die *Lebensschule zur Lebensbemeisterung* gewissenhaft an- und aufnimmt, sie Schritt um Schritt anwendet: Selbstlosigkeit ist Souveränität.
Wer selbstlos ist, steht in Kommunikation mit den kosmischen Kräften im Menschen, in der Natur, im gesamten kosmischen Sein. Seine Ausrichtung, sein Tun, sein Wirken sind unpersönlich. Das zeigt sich auch in seiner Hilfsbereitschaft denjenigen gegenüber, die der Hilfe bedürfen.

Was verstehen wir also unter Selbstlosigkeit, gleich Unpersönlichkeit? Wer nicht mehr auf sich, auf sein Ego, auf sein egoistisches Allzumenschliches, bezogen ist, der bewegt sich mehr

und mehr im kosmischen Senden und Empfangen, im Bewusstsein des universalen Geistes. Durch einen solchen Menschen wirkt der Geist Gottes, das universale Gesetz der Unendlichkeit, das höchste Kommunikation ist.
Höchste Kommunikation ist also Selbstlosigkeit gleich Unpersönlichkeit, die Freiheit mit sich bringt.

Freie Menschen pflegen wahre, tiefe Freundschaften und keine sogenannte Kumpanei. Wir befinden uns dann in Kumpanei, wenn wir unsere Mitmenschen uns zu eigen machen durch scheinheiliges Verhalten, das gar nicht das wahre Anliegen in unseren Gedanken und Worten wiedergibt, sondern viel mehr die Erwartungen, die wir in unsere Gespräche oder Gedanken hineinlegen. Letztlich manipulieren wir unseren Nächsten dahingehend, dass er sich so verhält, wie *wir* es wollen, dass er unserem persönlichen Anliegen nützt, indem er auf *uns*, auf *unsere* Wünsche, unser Drängen eingeht. Das ist Kumpanei.

Kumpanei heißt auch: Wir zwei oder wir drei sind uns eins im negativen Denken, das sich zwangsläufig gegen andere richtet. Denn im Gegensätzlichen, im Egobewusstsein, eins zu sein, bedeutet stets, zugleich gegen den anderen zu sein.

Machen wir uns bewusst: Wer einen Menschen bevorzugt, wertet den anderen ab und vergisst ihn. Kumpanei besagt auch: Wenn wir den einen höher stellen, dann werden wir den anderen erniedrigen. Wir sind somit parteiisch.

Es gibt viele Worte für Selbstlosigkeit, gleich Unpersönlichkeit.
Fragen wir uns: Sind wir parteiisch oder unparteiisch? Wenn wir gelernt haben, was parteiisch und was unparteiisch ist, dann haben wir den Unterschied zwischen Kumpanei und echter Kommunikation erfasst. Alles, was selbstlos ist, ist also unparteiisch.
Jeder unparteiische Mensch ist gewissenhaft, ist ernsthaft; er ist sich seines Denkens und Lebens

bewusst. Er ist konsequent, denn er hat gelernt, Einblick in die Gespräche, in Situationen zu nehmen, auch in Arbeitsabläufe und anderes mehr, denn: Wohin wir senden, von dort aus empfangen wir. Haben wir das begriffen, so werden wir sorgsam das beachten und kritisch unter die Lupe nehmen, was wir denken, reden und tun.

Menschen im universalen Gesetz des Lebens lernen, nicht leichtfertig mit ihren Gedanken und Worten umzugehen, denn sie wissen: Alles ist Energie. Somit beruht alles auf Senden und Empfangen, gleich Kommunikation. Und was von uns ausgeht, geht auch wieder in uns ein. Wir sollten erfassen, dass es, was Senden und Empfangen, also Kommunikation, anbelangt, keine Grenzen gibt. Grenzenlose Kommunikation heißt: Einerlei, was wir aussenden, wohin wir senden, alles erfolgt ohne Grenzen. Kommunikation besagt: Wir stehen mit allen Kräften des universalen Seins, mit den feinen Energien, ebenso aber mit den grobstofflichen Energien, in Verbindung. Es gibt keine Grenzen, keine Bereiche, die nicht mit einbezogen, nicht mit betroffen wären. Durch bewusstes Senden und Empfangen, durch praktizierte Kommunikation also, erfahren wir mit der Zeit, dass uns vieles näher kommt, eben deshalb, weil es keine Einschränkung von Senden und Empfangen gibt. Menschen im Bewusstsein der Gegenwart des ewigen, universalen Geistes wissen: Wohin sie ihre Gedanken senden, von dort kommt die Rückstrahlung, sowohl im Positiven als auch im Negativen.

Jeder Einzelne von uns ist also ein Sender und Empfänger. Was *wir* senden, das ist entscheidend, nicht, was ein anderer sendet. Menschen, die die *Lebensschule zur Lebensbemeisterung* wahrhaft meistern, werden sensitiv für Senden und Empfangen.

Den wahren Schatz, den Stein des Weisen, heben – inneren Reichtum gewinnen

Es wurde schon darauf hingewiesen, dass wir durch Selbstlosigkeit und Unpersönlichkeit frei werden. Wer die Schritte der Lebensbemeisterung tut, sich also zunehmend auf den universalen Geist ausrichtet, indem er sich bemüht, die Gebote Gottes und die Bergpredigt Jesu zu beachten, der erlebt wahre, tiefe Freiheit. Die Freiheit wirkt sich dahingehend aus, dass unsere Seele, der wir immer mehr das Innere Licht zukommen lassen, aufgrund unseres universalen, kosmischen Verhaltens tiefer atmet. Dadurch befreit sie sich von der Belastung der Schwäche, der Sünde, des Dunklen, von der Einengung durch das Ego. Der Mensch nimmt Abstand vom egoistischen bzw. ichbezogenen Denken und Leben. Die Befreiung der Seele wirkt sich auch auf das Befinden des Menschen aus. Er verspürt nicht mehr das Hin- und Hergezogensein zwischen Wünschen und Wollen einerseits und dem „ich sollte und ich müsste eigentlich" andererseits. Er erkennt und erlebt vielmehr in sich, dass das universale Gesetz ihn anschwingt, das heißt: Sein Gewissen regt sich. Die entwickelte Sensitivität lässt ihn spüren, wie er zu denken und zu leben hat.

Wir Menschen sprechen sehr oft von der Liebe Gottes und setzen die menschliche Liebe der kosmischen Liebe, also der Liebe Gottes, gleich. Doch der menschlichen Liebe ist eigen, dass sie rasch kommt und eventuell noch schneller vergeht. Die Liebe Gottes hingegen, die Er uns Menschen zustrahlt, ist die wahre Gottes- und Nächstenliebe. Seine Liebe, die wahre, unvergängliche und gleichbleibende Liebe, ist allgegenwärtig und allumfassend. Niemand ist davon ausgeschlossen. Gott liebt auch den Sünder – allerdings nicht seine Untugenden und seine Belastung, sondern das universale Wesen, das Er in der Ewigkeit geschaut und geschaffen hat. In ihrem blinden Gebundensein an materielle Güter haben viele Menschen den inneren, tiefen Wert, den Schatz des wahren Seins, so sehr abge-

deckt, dass sie glauben, als Mensch müssten sie vieles, sehr vieles besitzen.
Der wahre Weise hingegen weiß, dass er das Größte besitzt, den inneren Schatz, die All-Weisheit, die Gottes- und Nächstenliebe und – als Essenz und Kraft – das Reich Gottes.

Gerade in der heutigen Zeit erleben wir zunehmend deutlicher, dass Menschen die Welt als den Maßstab aller Dinge ansehen. Wir müssen feststellen, dass es immer mehr Reiche gibt, aber auch immer mehr Arme – warum? Weil sich die Energie kurzzeitig dort sammelt, wohin der Einzelne denkt und auf brutale Weise rafft. Viele denken: „Ich möchte reich sein" und arbeiten mit allen unlauteren Mitteln, um Reichtum zu erlangen. Sind sie reich, dann nehmen sie die Energie von jenen, die nur denken, dass sie gerne reich wären, aber ihrerseits die unlauteren Mittel nicht einsetzen.
Jegliche unlautere Mittel beziehen sich auf egoistisches Denken, auf egoistisches Verhalten, auf Ausbeutung und vieles mehr. Das ist weltbe-

zogen, parteiisch. Wie lange solche Gegensätze sich halten, ist unterschiedlich. Der eine verliert schon in diesem Leben seinen Reichtum und landet in der Armut, ein anderer erst in einer weiteren Inkarnation. Doch keinem bleibt erspart, zu lernen, dass der Reiche irgendwann arm wird. Denn wer die Energie des anderen nimmt, der muss unweigerlich irgendwann das zurückgeben, was er Menschen, der Erde, der Atmosphäre, allen Lebensformen, den Meeren, den sonstigen Gewässern genommen hat.
Schon Jesus lehrte uns Menschen: *„Weh euch, die ihr reich seid. Denn ihr habt keinen Trost mehr zu erwarten."* Und: *„Eher geht ein Kamel durch ein Nadelöhr, als dass ein Reicher in das Reich Gottes gelangt."*

Viele Menschen haben den inneren Wert, den wahren, kostbaren Schatz, das göttliche Sein als Sohn und Tochter Gottes, verdunkelt. Sie haben also die eigene Mitte, das wahre Selbst, ihre geistige Identität, abgedeckt, gleich verschattet. Die Verschattung nennen wir auch Sünde. Wer also

kaum mehr eine bewusste Verbindung zu seinem wahren Selbst hat, der lebt in der Schattenwelt, die man mit den Worten umschreiben kann: Ich-Ich; alles nur für mich!
Lässt der Mensch sein Dasein in dieser Schattenwelt ablaufen, dann hat er den inneren Schatz, den wahren Stein des Weisen, nicht erkannt und somit auch nicht gehoben. Solche Menschen streben mehr und mehr nach außen; sie trachten nach übermäßigem Reichtum und Gewinn. Der innere Reichtum, der wahre Schatz, der Stein des Weisen, ist dann dennoch unverändert vorhanden; er bleibt der innere Besitz des Sohnes und der Tochter Gottes – durch Jesus, den Christus, den Erlöser aller Seelen und Menschen.

Wer jedoch nur äußere Werte – Reichtum, Ansehen, Lob und Ehren – begehrt, der ist gefangen im Schattenreich des „Ich-Ich, alles nur für mich." Sucht einer also vorwiegend nach äußeren Quellen, so muss er sich eingestehen: Er hat die innere Quelle verschüttet.

Alles in allem ist weltbezogene Kommunikation eine Ansammlung fremder Energien, die mit der Zeit auf jenen Menschen zukommen, der entsprechende Energien ausgesandt hat. Universale, kosmische Energien hingegen werden in den positiven Kräften in allem wirksam, auch in Problemen, Schwierigkeiten, generell in allem, was uns begegnet. Denn in allem ist das Gute, das universale Gesetz der Liebe und der Nächstenliebe. Wahre Kommunikation ist grenzenlos, ohne Zeit und Raum, also nicht auf die Materie allein bezogen.

Denken wir darüber nach: Der Geist, Gott, ist immer gut, immer positiv, immer gegenwärtig. In allem ist die gute Antwort, aber aufgrund unseres freien Willens können wir auch eine ungute Antwort wählen. Je nach unserem Sendepotential empfangen wir dann Gutes, weniger Gutes oder gar Ungutes. Das Ungute, das Boshafte, Üble und Böse, das uns begegnet, ist in all den Widrigkeiten begründet, die in den bindenden Energien – also in den problembeladenen Energien – auf uns zukommen, da solches und Ähnliches in der Atmosphäre umherschwirrt.

Leben nach den Zehn Geboten Gottes und der Bergpredigt Jesu ist universales, positives, allgegenwärtiges Leben; anders gesprochen heißt es: Der Mensch, der die Schritte hin zur Ernsthaftigkeit tut, ist und reagiert weitgehend unparteiisch, unpersönlich, weil er im Begriff ist, selbstlos zu werden.
Menschen in der universalen Kommunikation erfassen immer besser, was im Augenblick wesentlich ist. Ihnen bleibt z.B. nicht verborgen, was in Gesprächen andere Menschen denken, was diese fühlen; oder was Problemen bzw. Schwierigkeiten zugrunde liegt; wie man Schwierigkeiten, verworrene Argumentationen und die verschiedenen, zum Teil komplizierten Situationen im Alltag entwirren und entflechten kann.
Menschen im universalen Geist erleben oftmals in einem Augenblick sofort die positive Lösung

in dem, was gerade ansteht. Solche Menschen wissen, wie man aus allem das Beste machen könnte. Man nennt dies Bewusstseinsschau oder innere, tiefe Wahrnehmung, das Arbeiten mit den positiven Kräften, die in jedem Menschen im Urgrund der Seele wirken. Das ist wahre Kommunikation, die unparteiisch, also selbstlos ist, weil solche Menschen keinen Gewinn für ihr Ego herausschlagen wollen.

Sendung 23

Die vierte göttliche Grundkraft, die vierte Stufe zum wahren Leben: der göttliche Ernst

Ernsthaftigkeit, Eigenständigkeit, Gewissenhaftigkeit, Treue zu Gott und dem Nächsten machen Seele und Mensch wertvoll.

Wir lasen bereits vom göttlichen Ernst, der Ernsthaftigkeit, und erfuhren von den Ergebnissen, den Erfolgen, die sich dann einstellen, wenn man die Bewusstwerdungskräfte, die göttlichen Grundkräfte, im Alltag anwendet. Menschen, die den göttlichen Ernst, die Ernsthaftigkeit, in die Waagschale ihres Erdenlebens, ihres Denkens und Tuns, legen, erkennen sehr rasch, wohin sich im jeweiligen Augenblick das Zünglein der Waage ihres Verhaltens neigt. Um uns selbst zu wägen und daraufhin zu messen, also uns selbst auszuloten, wer wir heute noch sind oder wo wir mit unseren persönlichen Werten und Maßgaben stehen, bedarf es einer gewissen Charakterstärke, der Entschiedenheit, sich selbst schonungslos anzusehen.

Charakterstärke, Selbstverantwortlichkeit, Lauterkeit und Wahrhaftigkeit sind gefragt. Kumpanei und Schönrederei sind verdeckt wirkende Mittel, um Energie zu erlangen.

Warum fallen viele Menschen auf schöngeistige, freundliche oder gar überschwängliche Redeweisen und Lobeshymnen herein? Weil solche und ähnliche Täuschungsmanöver das gespreizte Ego aufwerten, das nach Anerkennung und Lob heischt. Nur der Charakterschwächelnde, der Energieschwache, ist auf solche überzogene Anbiederungen seitens seiner Mitmenschen angewiesen. Diese fingierten und oftmals zielbewussten Bekundungen sind immer darauf ausgerichtet, dem, der sie dankbar annimmt, Körperenergie zu entziehen. Denn die Gespräche, die sich daraufhin entspinnen, bleiben meistens nicht aus.

Die ernsthafte Frage an derartige Streithähne könnte lauten: Warum ist für sie der Austausch von Energie besonders wichtig – warum? Weil beide davon profitieren. Doch beide verlieren dabei auch Energie – der eine mehr, der andere weniger. Häufig werden lange und unproduktive Gespräche geführt, oder es finden verbale Auseinandersetzungen bezüglich beleidigender Äußerungen statt. Warum sind solche und ähnliche Gespräche so langatmig? Das ganze Hin und Her in Gesprächen dient beiden Gesprächspartnern einzig dazu, sich gegenseitig Energie zu entziehen, wobei einer immer der hauptsächliche Nutznießer der freigesetzten Energie ist.

Nach kosmischen Gesetzmäßigkeiten binden sich beide aneinander, weil einer dem anderen Energie raubt. Mit diesen verdeckt wirkenden Verhaltensmustern sind beide an das Gesetz von Saat und Ernte gebunden. Irgendwann wird darauf der Ausgleich erfolgen.

Es gibt viele Charakterzeichen von Energieschwäche: Z.B. gaukelt der eine dem anderen

Körperschwäche vor, weil ihm die Arbeit, die er leisten soll, zu anstrengend ist. Das Mitgefühl des anderen regt sich; er redet dem Kollegen zu, sich untersuchen zu lassen, oder er denkt darüber nach, dem angeblich schwächelnden Zeitgenossen unter die Arme zu greifen, ihm also einen Teil seiner Arbeit abzunehmen, damit dieser seine sogenannte Körperschwäche in kurzer Zeit zu überwinden vermag.
Oder ein anderer Fall: Im Vorfeld einer ärztlichen Untersuchung könnte z.B. der Arbeitgeber die höhere Entlohnung beibehalten und dem Angestellten aus Mitgefühl eine nicht anstrengende und wenig verantwortungsvolle Aufgabe übertragen. Wie sieht es dann aus, wenn der Befund des Arztes, der den schwächelnden Arbeitnehmer untersucht hat, jedoch wie folgt lautet?: Keine bedeutenden körperlichen Anzeichen von Schwäche.
Es ist wissenschaftlich erwiesen, dass alles auf Energie beruht und keine Energie verloren geht. Wer hat in diesem Fall den Energieverlust dessen zu tragen, der dem Schwächelnden Arbeit abge-

nommen hat? Wer hat den Energieraub zu verantworten? Diese Beispiele – und davon gibt es unzählige – sind typische Zeichen unserer Gesellschaft.
Bei vielen Menschen ist die Verantwortung für sich selbst verloren gegangen. Man trachtet immer seltener danach, sich lauter und ehrlich zu verhalten. Es gibt immer weniger echte, wahrheitstreue Verantwortungsträger – sowohl in der Wirtschaft als auch in der Politik, letztlich auch in der Familie. Was die Arbeit anbelangt, sieht es oft folgendermaßen aus: Man macht so recht und schlecht seinen Job. Bei vielen Arbeitnehmern sind meist schon am Montag die Gedanken beim Wochenende oder im kommenden Urlaub oder bei den Unstimmigkeiten in der Familie, in der Verwandtschaft, am Arbeitsplatz, und unter Umständen bei ungelösten privaten Problemen, bis hin zu nach wie vor akuten Streitigkeiten.

Und wie ist es um jene bestellt, die Verantwortung tragen? Nicht wenige von ihnen haben ständig Sorgen wegen der sogenannten „Job-Arbeitnehmer", die gedanklich nicht voll bei der Arbeit sind, sondern ganz woanders. Vielen Verantwortlichen bis hin zum Manager mangelt es an Menschenkenntnis. Wem der Durchblick fehlt, der könnte an der Gleichgültigkeit und Nachlässigkeit von so manchem Job-Arbeiter oder Job-Angestellten verzweifeln. Was wäre da zu raten? Um diese Mängel näher zu durchleuchten, wollen wir etwas weiter ausholen, denn diese Zeichen prägen die derzeitige Gesellschaft.

Den meisten Menschen von heute fehlt es an der Ernsthaftigkeit, der Gewissenhaftigkeit und Geradlinigkeit, die erforderlich wären, um sich bewusst vermehrt dem universalen, kosmischen, ewigen Gesetz zuzuwenden, das alle Kräfte der Unendlichkeit in ihren Bahnen hält. Ein Blick in die Natur könnte uns helfen, weitere Klarheit zu gewinnen. Die Natur gestaltet sich entsprechend den Abläufen der Jahreszeit – Frühling, Sommer, Herbst und Winter. Wer hat die Jahreszeiten programmiert? Wer hat den Sträuchern, den Bäumen, den Blumen diese Weisheiten eingegeben? All die überaus vielfältigen Vorgänge, z.B. des Keimens, des Erblühens und Reifens bis hin zum Hervorbringen der Früchte im Spätsommer und Herbst. „Ist doch ganz klar", könnte so mancher sagen. „Die Natur hat die innere Uhr für die jeweilige Jahreszeit als Anlage in sich. Und was die Tiere betrifft: Sie haben einen Instinkt."

Die naheliegende Frage könnte lauten: Und der Mensch? Nach welchen Gesetzmäßigkeiten wirken sich des Menschen Anlagen und seine Neigungen aus? Die Antwort könnte unter Umständen heißen: „Der Mensch steht über der sogenannten niederen Natur. Er hat Gefühle. Er empfindet und denkt. Er, der Mensch, hat Talente. Der ethisch-moralisch entwickelte Mensch ist intelligent. Er gestaltet aus eigener Einsicht und nach eigenem Ermessen souverän seine Umwelt."

Diese Aussage klingt optimistisch. Doch können wir sie widerspruchslos hinnehmen? Betrachten wir die Realität, wie sie sich generell wirklich zeigt: Was fühlt und denkt der Mensch? Wie hält er es mit dem Planeten Erde? Wie steht er zu den Werten wie Anstand, Benehmen, Ethik, Moral und Stil? Ist der Mensch intelligent, oder ist er nicht viel mehr ein intellektueller Egomane? Besitzt der heutige Mensch Würde und Ernsthaftigkeit? Ist er gewissenhaft in Bezug auf seine Mitmenschen und auf die Erde mit ihren Ressourcen? Fragen über Fragen.

Da jeder Mensch in seinen persönlichen Ansichten und Beurteilungen frei ist, kann er die soeben genannten Fragen für sich selbst beantworten. Wir sollten jedoch nicht sogleich bei anderen die Schuld suchen, sondern zuerst uns selbst hinterfragen, also auch uns selbst in Frage stellen.

Die Inhalte unseres Denkens bestimmen unser Erdenleben. Wohin neigt sich das Zünglein der Waage unseres Verhaltens?

Menschen in der Nachfolge des Jesus von Nazareth lernen, kosmisch zu denken und zu leben. Was verstehen wir unter kosmischem Denken und Leben?

Menschen denken unablässig. Die Inhalte der unzähligen Gedanken jedes Einzelnen bestimmen sein Verhalten, das wiederum sein Tun und Unterlassen bewirkt, woraus zu schließen ist: Die Inhalte unseres Denkens bestimmen unser Erdenleben.

Mit all dem, was wir sind und was unser Erdenleben prägt, stehen wir mit den entsprechenden Kräften in Kommunikation – sowohl mit dem Negativen, dem Gegensätzlichen, als auch mit den positiven, den höheren Energien. Beide Varianten ziehen ihre adäquate Konsequenz nach sich. Die negativen, gegensätzlichen Kommunikationen sind niederen Ursprungs und münden ein in das Gesetz von Ursache und Wirkung. Die positiven Kommunikationen stehen mit höheren, lichteren Energien in Verbindung.

Wir, jeder Einzelne von uns, haben es selbst in der Hand, wohin sich das Zünglein unserer Waage neigt: entweder zu höheren Kosmen oder mehr in Richtung Materie und zu gegensätzlichem Denken und Verhalten. Alles steht untereinander in Verbindung und in beständiger Kommunikation, denn Gleiches zieht immer wieder zu Gleichem. Das Zünglein der Waage unseres Verhaltens zeigt also an: Entweder kommunizieren wir mit höheren Kräften, mit höheren Kosmen, oder aber mit niederen Kräften, mit all dem Unguten, das die Erde tragen muss und die Welt ausstrahlt.
In Bezug auf Kommunikation sind die Pflanzen- und die Tierwelt dem Menschen weit voraus. Der Lebenskern der Naturreiche ist in der Einheit mit dem All-Leben, dem Schöpfergeist in den Mineralien, in jedem Baum, in jedem Strauch, in jeder Blume, in jedem Tier. Die Naturreiche sind im Rhythmus, im Gleichklang

mit allen Lebenskräften und Lebensformen auf der gesamten Erde. Zum Beispiel kennt jedes Kollektiv der Naturreiche ganz selbstverständlich alle anderen Lebensformen von demselben Bewusstseinsstand auf der ganzen Erde. Jedes Lebewesen fühlt sich dem anderen verbunden – weltweit, und darüber hinaus, denn der Bewusstseinsstand von Bäumen, Sträuchern, Blumen und von Tieren steht in kosmischer All-Kommunikation.

Wir sollten uns vergegenwärtigen: Geht es einer Bewusstseinsart gut, dann freut sich die andere, ganz gleich, wo sie sich befindet. Leidet die eine Art, dann leidet die andere mit – unabhängig von der räumlichen Entfernung. Die Signale sind also kosmisch und unzählig. Hat die eine Art Angst vor der Willkür der menschlichen Unart, vor seiner Gefühllosigkeit und Gefühlskälte, dann leidet die andere Art mit, einerlei wo und auf welchem Erdteil. Dasselbe gilt für die Tierwelt: Leiden die Tiere, haben sie Angst, werden sie misshandelt und mutwillig getötet,

so leidet dieselbe Gattungsart mit – ganz gleich, in welchem Land, an welchem Ort, auf welchem Kontinent.
Jede Tierart also, jeder Bewusstseinsstand, ist mit derselben Bewusstseinsreife in Verbindung.

Und wie sieht es mit den Menschen aus? Auch wir Menschen sind kosmische Wesen. Jeder Mensch ist der Mikrokosmos im Makrokosmos. Der physische Leib steht mit Menschen derselben Neigungen – also mit Menschen gleicher Anlagen – in Kommunikation, ebenfalls mit den Seelen in den Stätten der Reinigung, die Gleiches und Ähnliches gespeichert haben. Gleichzeitig bestehen energetische Bande zu den Reinigungsplaneten, in denen des Menschen Unarten, seine Gegensätzlichkeiten, seine Bestrebungen, die sich gegen das universale Leben richten, verzeichnet sind.

Das Leben kennt keine Unterbrechung. Das Leben ist Einheit durch Kommunikation. Es gibt also keine Trennung des Lebens zwischen den

Menschen, den Seelen und den Naturreichen. Alles ist kosmisch miteinander verbunden. Der Mensch und seine Seele stehen mit den grobstofflichen und den feinerstofflichen Kosmen in Kommunikation, die Naturreiche mit ihrem Schöpfer, mit dem ewigen Sein.

Das göttliche Wesen im Urgrund jeder Seele hingegen steht mit dem Reich Gottes, mit dem ewigen Sein, in Verbindung, weil es ohne Belastung ist. In allen Kosmen jedoch strahlt der allgegenwärtige Geist, Gott, Der bestrebt ist, der Seele und dem Menschen nahezubringen, dass die Urwurzeln des ewigen Lebens im Reich Gottes sind. Das Reich Gottes ist Einheit und Freiheit. Es liegt als Essenz tief in der Seele und wartet auf die Befreiung von dem, was Seele und Mensch immer wieder zur Menschwerdung, zur Erde, zieht.

Wir Menschen nennen die Schwere der Seele und letzten Endes auch die unseres physischen Körpers Sünde. Die Sünden sind die gegensätzlichen Verhaltensweisen, die sich gegen das wahre, ewige Leben richten, gegen die ewige

Heimat, das Reich Gottes, das des ewigen Wesens wahres Sein ist. Jedes Geistwesen im Urgrund jeder Seele ist feinstofflich, rein, edel, schön und gut. Jeder Mensch ist Träger einer Seele. Mensch und Seele sind auf der Wanderschaft. Des Menschen und der Seele Lebensziel sollte sein, sich von den selbst auferlegten Belastungen zu befreien, von all dem, was der Mensch seinen Körperzellen, seinem physischen Leib, auferlegt hat und auferlegt und ebenso auch seiner Seele.

Durch Kommunikation zu unserem wahren, ewigen Leben Annäherung an höhere Werte

Die Zehn Gebote Gottes und die Bergpredigt Jesu helfen uns, den hohen Wert unseres wahren, ewigen Lebens zu erkennen. Um die Inhalte der Gesetzmäßigkeiten aus dem Reich Gottes – die Gebote Gottes und die Bergpredigt Jesu – zu verstehen, bedarf es der Ernsthaftigkeit. Das oberflächliche Hören oder Lesen dieser Lebenshilfen für das wahre Leben allein stellt keine Kommunikation zum Göttlichen her und bewirkt keine Annäherung an höhere Werte.

In der *Lebensschule zur Lebensbemeisterung* unseres irdischen Daseins wurden bereits die sieben Grundkräften Gottes genannt. Sie heißen: Ordnung, Wille, Weisheit, Ernst, Geduld, gleich Güte, Liebe, Barmherzigkeit, gleich Sanftmut. Weil im göttlichen Reich, in unserer wahren, ewigen Heimat, alles auf Einheit – also auf dem Gleichklang der Kräfte – beruht, sind auch in jeder der sieben Grundkräfte alle anderen Grundkräfte, gleich Gesetzeskräfte, als Unterregionen, als Strahlungspotentiale, enthalten. Infolgedessen sind in der Grundkraft des Ernstes alle Unterregionen, sowohl die Gesetzeskraft der Ordnung als auch die des Willens, die der Weisheit, der Geduld, der Liebe und der Barmherzigkeit, wirksam. Jede Grundkraft hat in der anderen Grundkraft ihre Parallele. Zum Beispiel könnten ohne die vierte Grundkraft, den Ernst, gleich Ernsthaftigkeit, alle anderen Gesetzeskräfte nicht vollständig durchdrungen werden. Das gilt für alle Grundkräfte, gleich Gesetzeskräfte, für das ganze Sein.

Nachdem uns in der *Lebensschule zur Lebensbemeisterung* bereits die erste, die zweite und dritte Grundkraft nahegebracht wurden – die Ordnung, der Wille und die Weisheit – wenden wir uns jetzt hauptsächlich der vierten Grundkraft zu, dem Ernst. Der Ernst, die Ernsthaftigkeit, ist wie alle Grundkräfte als Essenz im göttlichen Wesen und im Urgrund der Seele des Menschen vorhanden. Sind auch die Mentalitäten, die geistigen Fähigkeiten, der einzelnen Geistwesen unterschiedlich, so sind doch allen Wesen des Seins gemeinsame Wesenszüge eigen. Da ist z.B. das Zurückhaltende zu nennen, ebenso das Überwachende, das Gerechte, das Wägende, das Geradlinige, das Verstehende, das Durchdringende, das Geordnete, das Willensstarke, die Tatkraft, und die Verantwortungstreue.
Um als Mensch die Schritte in diese Charakterwerte tun zu können, gilt es zunächst, unser

Erdenleben zu ordnen, den kosmischen Willen zu erkennen und ihm entsprechend zu handeln. Haben wir nun auch den Intellekt durchleuchtet, dann erst werden wir nach und nach wahre Weisheit erlangen, die wägen und messen, die führen und leiten kann, die ehrlich und treu ist. Wollen wir Menschen diesen Lebensschritt tun, dann bedarf es unter anderem des Ernstes, der Ernsthaftigkeit. Dann heißt es für den Wanderer zum höchsten Ziel: Sei nicht vorlaut! Sei kein Großmund und aufdringlicher Besserwisser! Nimm dich zurück! Wäge und miss nach dem Gesetz der Gebote Gottes und der Bergpredigt Jesu, bevor du redest, denn das, was du zu sagen hast, soll von Bedeutung sein. Es soll Inhalt tragen, gehaltvoll sein. Es soll z.B. bei Gesprächen auf dem Wesentlichen aufbauen, damit Produktives und Weiterführendes erreicht werden kann. Auch in der Tätigkeit, gleich Arbeit, ist der ernsthafte Mensch zurückhaltend, um produktiv zu arbeiten.

Wer um das Prinzip der Kommunikation weiß und sich daran hält, erledigt seine Arbeit nicht nur, damit sie getan ist; er arbeitet in dem Bewusstsein, dass alles auf Kommunikation beruht, woraus eine Weiterentwicklung möglich wird.

Die Zurückhaltung des ernsthaften, gewissenhaften Menschen: Anstand, Benehmen, Ethik, Moral und Stil

Die Zurückhaltung, die dem ernsthaften, gleich gewissenhaften Menschen eigen ist, kann mit folgenden Worten umrissen werden: Anstand, Benehmen, Ethik, Moral und Stil. Ohne Anstand und Benehmen ist der Mensch der Großsprecherische, der Besserwisser, der sich in alles einmischt, von dem er hört und was er sieht. Auch bezüglich des Tuns der Arbeit ist er der Meinung, alles besser zu wissen und alles besser zu können. Gibt man ihm die Möglichkeit, das, was er angeblich besser weiß, zu tun, dann wird er sich meist mit heftig vorgebrachten Argumenten, die Ausreden sind, zurückziehen. Er wird sich mit langen Gesprächen aus der Schlinge ziehen und versuchen, diese einem anderen um den Hals zu legen.

Derartige, oftmals langatmige Gespräche, die meist mit Vorwürfen enden, sind unproduktiv. Sie bringen nicht nur nichts im Positiven in Bewegung, woraus sich eine Weiterentwicklung ergeben könnte, ganz im Gegenteil: Sie führen zur Stagnation durch den Ärger, den das nutzlose Gespräch mit sich bringt, und auch zu eventuellen Versäumnissen, die Arbeitszeit kosten und der Kundenbetreuung schaden. Sie führen aber auch zu Fehlentscheidungen, zu Mängeln und Störungen in der Tätigkeit, im Arbeitsablauf. Durch solches und ähnliches Verhalten in Gesprächen und am Arbeitsplatz geht nicht nur viel Zeit verloren, sondern es bleiben auch jegliche ethischen, moralischen Werte auf der Strecke. Das ist charakteristisch für unsere heutige Zeit, die man sogar noch als die Zeit des Fortschritts bezeichnet.

Was das Benehmen und den Stil vieler Menschen in der heutigen Zeit prägt, kann man z.B. daran ablesen, wie sich viele Menschen bewegen und wie sie sich gegenüber den Tier- und Naturreichen verhalten. Bei näherer Betrachtung erkennt man, dass das scheinheilig und gewissenlos hervorgekehrte Gerede, die Schönrederei der Brutalität gegenüber Mensch und Tier, nichts anderes ist als eine Flucht in das Unvermögen, eine Demonstration der eigenen Hilflosigkeit. Solche Schaumschlägereien enden meist in der Unsachlichkeit, weil man das, was den heutigen „Gesellschaftstrieb“ kennzeichnet, gar nicht ändern kann oder nicht ändern will. Und warum will man daran nichts ändern? Weil es letztlich immer um Profit geht. Die Gewissenlosigkeit ist nicht nur die Triebfeder für moralische Sittenlosigkeit, für die Ausbeutung von Menschen und Natur, sie ist ebenso die Ursache für Stillosigkeit, was die Kultur im Essen und Wohnen betrifft. Auch die moderne Kleidung ist ein typisches Merkmal für die heutige Zeit, die von abartigem Benehmen und Kulturlosigkeit geprägt ist.

Man sollte sich vor Augen halten: Wie du speist und isst, zeigt wer du bist. Und wie du dich kleidest und wohnst, zeigt, wer in dir thront! – Ohne Anstand, Benehmen, Ethik, Moral und Stil kann eine Gesellschaft auf Dauer nicht bestehen. Die Zeichen der heutigen Zeit lassen schon die Merkmale von Sodom und Gomorrha erkennen. Viele Menschen – und es werden immer mehr – klagen über den derzeitigen Sittenverfall. Die Hinweise in der *Lebensschule zur Lebensbemeisterung* werden deshalb auch nur jene Menschen erreichen, die nach sittlich höheren ethisch-moralischen Werten trachten. Sie fühlen und wissen, dass ohne Geradlinigkeit, ohne Ernsthaftigkeit, Eigenständigkeit, Gewissenhaftigkeit und Treue zum Nächsten, zur Arbeit, aber auch in unbedachten Gesprächen privater und allgemeiner Art alles verloren geht, was letzten Endes Seele und Mensch wertvoll macht.

Sendung 24

Die vierte göttliche Grundkraft, die vierte Stufe zum wahren Leben: der göttliche Ernst

Ein neues Lebensbild zeichnet sich ab:
eine höhere Seelen- und Körperstrahlung,
die Aufnahme von Kommunikation zu höheren Lebensenergien.

Jesus von Nazareth sagte zu Seinen Peinigern: *„Mein Reich ist nicht von dieser Welt. Wäre Mein Reich von dieser Welt, so würden wohl Meine Diener gekämpft haben, aber Mein Reich ist nicht von hier."* Auch unser wahres Sein, das Innerste unserer Seele, ist nicht von dieser Welt, „nicht von hier". Deshalb sollten wir uns auf die inneren Werte besinnen, die man zu den Sittenwerten wie Anstand, Benehmen, Ethik, Moral und Stil hinzufügen kann, so z.B. Ehrlichkeit, Treue, Sittenreinheit, Edelmut und Gewissenhaftigkeit. Alles in allem kann gesagt werden: Was wir nicht wol-

len, dass andere sich uns gegenüber so verhalten – nämlich treulos, gewissenlos, unethisch, sittenlos, rechthaberisch, streitsüchtig, gehässig, feindselig und, und, und –, das sollen auch wir anderen nicht zumuten.
Deshalb heißt die Devise von Menschen, die nach Wahrheit und Aufrichtigkeit streben: Sei ernsthaft! Sei gewissenhaft! Sei in allem zurückhaltend, vor allem, wenn etwas unvermutet, rasch und ohne erkennbare produktive Perspektive auf dich zukommt. Bleiben wir besonnen, so ist das ein Lernschritt, um alles zu analysieren, also auszuloten, was wir persönlich sagen, wie wir uns persönlich verhalten, und die Folgen zu ermessen, die sich oftmals aus nutzlosen Gesprächen oder unproduktiver Arbeit ergeben können.

Wir sollten immer darauf achten, dass wir dem, was uns der Augenblick zeigt, was uns die Tagesenergie nahe bringen möchte, in rechter Weise auf den Grund gehen, um aus dem scheinbar Unwesentlichen das zu erkennen, was weiterführt, so dass der Tag ein nutzbringender Tag ist. Nichts, aber auch gar nichts, ist ohne weiterführende Aspekte. Nirgendwo ist Stillstand oder gar Rückschritt. In allem ist die Evolution durch die All-Kommunikation. Viele, ja immer mehr Menschen, nützen ihren Tag nicht, weil sie das unbeachtet lassen, was dieser ihnen zu sagen hätte.

Unproduktives Verhalten in Gesprächen und bei der Arbeit sollte man nicht ohne Hinweise stillschweigend übergehen. Das Hinführen zum analytischen Denken wäre die Aufgabe derer, die selbst bereits analytisch und geradlinig zu denken vermögen, getreu den Worten des Jesus von Nazareth, Der uns schon vor 2000 Jahren lehrte: *„Was du willst, dass andere dir tun sollen, das tue du ihnen zuerst."* Seine Aussage können wir auch sinngemäß wie folgt wiedergeben:

„Was du nicht willst, dass man dir tu', das füg' auch keinem anderen zu." Das wäre das Grundprinzip, das zum echten Miteinander führt, zur Tiefenanalyse und zur Evolution, zum weiterführenden Ertrag eines Gespräches, im Arbeitsleben

wie in der Familie. Auf diesem Weg der Ernsthaftigkeit, gleich Gewissenhaftigkeit, kommen wir unserem wahren, ewigen Lebensziel näher. Das Bild unseres Lebens gewinnt neue, beglückende Züge.
Wenn wir das Wort „Lebensbild“ tiefer beleuchten, so heißt es: Wir erlangen eine höhere Seelen- und Körperstrahlung und nehmen allmählich Kommunikation zu höheren Lebensenergien auf. Das ist allerdings nur dann möglich, wenn wir die Inhalte unserer Gedankenwelt, ja unseres gesamten Verhaltens, in Ordnung gebracht haben, so dass wir Schritt für Schritt den Willen des ewigen Geistes, der das universale Gesetz der Ordnung, des Willens, der Weisheit, des Ernstes, der Geduld, der Liebe und Barmherzigkeit ist, erkennen und auch tun.

Haben wir weitgehend Ordnung in unseren Verhaltensweisen erlangt und stehen wir jeden Tag mit den Geboten Gottes und mit der Bergpredigt Jesu in Verbindung, dann lernen wir uns selbst kennen – besonders dann, wenn wir uns selbst Rechenschaft ablegen und uns z.B. fragen: Was ich jetzt denke, rede und tue – entspricht das den Geboten Gottes und den Lehren Jesu? Es wird sich immer klarer erweisen: Einzig die Orientierung im Tagesgeschehen ist von Bedeutung, denn der Tag jedes Einzelnen gibt ihm unzählige Fingerzeige. Er ist der ehrliche Mahner, der unser Gewissen in Bewegung hält. Sind wir ernsthaft und gewissenhaft, so lernen wir aus unserem Tag.

Der Tag ist unser Begleiter und ein guter Freund, wenn wir uns daran gewöhnen, uns selbst zu betrachten und zu analysieren. Auf Grund der Selbstbetrachtung und der Analyse in Bezug auf uns selbst lernen wir auch unsere Mitmenschen mehr und mehr kennen. Durch Selbstbeobachtung und Analyse unseres persönlichen Verhaltens und indem wir unsere Unlauterkeiten, unsere Makel, ablegen, beginnen wir, tiefer zu blicken. Wir erleben uns selbst. Aus der Perspektive der Erfahrung mit uns selbst können wir im Laufe der Zeit unsere Mitmenschen erfühlen und vermögen zu erfassen, wie sie wirklich sind. Denn das Versteckspiel vieler Menschen ist durchschaubar, dann, wenn wir gelernt haben, uns selbst zu hinterfragen, uns selbst zu durchschauen.

Evolution durch das göttliche Prinzip „Verbinde und sei". „Trenne, binde und herrsche" kennzeichnet das Ego-Gesetz.

Wer seine eigene Hinterlist, seine Hinterhältigkeit, bekämpft, wer seiner Unwahrhaftigkeit auf die Spur gekommen ist oder sie gar schon bewältigt hat, für den ist der andere ein offenes Buch. Die bewusste Überwindung unserer eigenen Untugenden sensibilisiert uns für die Wahrnehmung ähnlicher Übel, die wir hier und da antreffen. Immer seltener täuschen wir uns im Nächsten, weil die gesamte Ausstrahlung den Menschen zeichnet. Ein lauteres Gewissen, ein hohes, entwickeltes Bewusstsein kann den anderen, den Mitmenschen, durchleuchten. Auch der Klang der Sprache und die Wortwahl zeigen auf, *wer* der Mensch ist, denn jeder Mensch spricht sich selbst. Daraus kann der Gewissens-Seismograph eines geläuterten Menschen ablesen, was *hinter* den Worten des Betreffenden steht.

Menschen mit höheren Werten, mit innerer Souveränität, sind von oben, von höheren Kräften geführt. Wir Menschen machen uns zu wenig bewusst, dass im ganzen Weltall alles miteinander in Kommunikation steht. Nichts, aber auch gar nichts, steht im universalen Sein isoliert, ohne Verbindung, da. Alles lebt und bewegt sich und hat in sich die Evolution durch das Prinzip „Verbinde und sei".
Nur das „Trenne, binde und herrsche" ist außerhalb des universalen, kosmischen, ewigen Gesetzes. Es ist das Personengesetz, das auf die Person, die Persönlichkeit, auf das menschliche Ego, zugeschnitten ist. Menschen, die ihre Ego-Ansprüche pflegen, sind meist Einzelgänger. Es

mangelt ihnen an kommunikativem Denken. Menschen, die trennen, die binden und herrschen, sind auch parteiisch. Was nicht zu ihrem Standesdünkel gehört, ist ausgeschlossen. Die ihnen genehm sind, binden sie, entsprechend ihren Kompetenzen und Machtbefugnissen. Wer sich einfangen lässt, ist ihr Gefangener, über den sie herrschen. Ihre sogenannte Verbindung mit denen, die ihnen gleichgesinnt sind, ist die Kumpanei und kann Anlass zum Mobbing werden, dann, wenn einer ihrer ehemaligen Gefolgsleute nicht mehr ihren Spuren folgt. Das kennzeichnet die heutige Zeit.
Deshalb lautet die Devise aus dem universalen Geist: Sei ernsthaft! Lass dich nicht verführen! Lerne, und wende die höheren universalen Gesetze an, und du kannst von höheren Kräften geführt werden.

Das gesamte Weltall ist also durch Kommunikation verbunden im Prinzip Senden und Empfangen. Wir Menschen müssen lernen, dass alles auf Kommunikation beruht, auf Senden und

Empfangen. Wenn wir denken, reden und arbeiten, senden wir. Was empfangen wir? Wir empfangen nur das, was *in* unseren Gedanken, Worten und Tätigkeiten liegt. Wir empfangen Höheres, also lichtere Kräfte – oder aber werden von dunklen Mächten gesteuert. Ausschlaggebend ist immer unser eigenes Sendepotential und nicht das eines anderen. Deshalb der Mahn- und Weckruf: Vorsicht! Du empfängst, was du sendest!
Ohne Entwicklung und Entfaltung der hohen Lebenskräfte werden wir von unguten und unlauteren Mächten angesendet werden. Deshalb das Angebot vom universalen Geist, Gott, unserem himmlischen Vater, uns zu Ihm hin zu entwickeln, denn unser wahres Sein, tief im Urgrund unserer Seele, ist das wahre Wesen. Es ist aus Gott und ist *in* Gott.

Schritte hin zum wahren Leben, dem universalen Leben, dem „Verbinde und sei“, eröffnen uns unvorstellbare Perspektiven aus dem allumfassenden Leben, das Gott ist. Sind wir auf diesem Weg, dann tut sich eine Erkenntnis nach der anderen auf, eine Lösung nach der anderen. Unser Sendepotential ist aufrichtig, ehrlich und treu geworden gegenüber Dem, Der das Leben ist. Wir sind aufgeschlossen für Mensch, Natur und Tiere, für die Mutter Erde, und wir werden empfangen. Suchen wir z.B. nach einer Lösung in einem verworrenen Gespräch, so werden wir uns freimachen von den Gedanken des Suchens und statt dessen um Beistand und um Lösung bitten. Mit der Zeit erleben wir, dass dann unser Sonnengeflecht in der Nähe unseres Verdauungstraktes sanft zu vibrieren beginnt. Wir spüren, die Gefühlsebene kommt in Bewegung, und wir gehen auf Empfang. In unseren Gedanken bewegt sich einiges, und plötzlich erkennen wir, wie es in diesem verworrenen Gespräch sinnvoll weitergehen kann. Wir erfassen und ergründen die Lösung.

Alles, aber auch alles, sendet uns an und gibt entsprechende Lösungen und Antworten, sofern wir bereit sind, die Gesetze des universalen

Geistes an uns selbst anzuwenden. So können wir später – dank der höheren Entwicklung des Bewusstseins – empfangen durch das erleuchtete positive Senden. Gute universale Lösungen kommen nur dann in unser schrittweise sich entwickelndes Bewusstsein, wenn wir sie nicht als Mittel zum Zweck, nur für unsere persönlichen Bedürfnisse, einsetzen, sondern grundsätzlich für das große Ganze.

Ein Merksatz für uns lautet also: In allem, aber auch in allem, liegt Antwort und Lösung!
Die Arbeit, die wir verrichten, besteht aus Energie, und Energie sendet, gibt also und empfängt. Stehen wir in Kommunikation mit höheren Kräften, dann wird uns nicht nur unsere Arbeit gelingen, wir sehen darin Weiterführendes. Wir werden Impulse empfangen, um Gespräche oder Tätigkeiten produktiv fortzuführen oder weiter zu entwickeln. Durch Senden und Empfangen erleben wir auch Evolution in allem, was wir genau betrachten, und erkennen bei Gesprächen, was sinnvoll und weiterführend wäre. In

jeder Arbeit, in allen Gesprächen – und seien es Problemgespräche – liegt bereits eine positive Lösung, die zum Tragen kommen möchte. Alles, aber auch alles, trägt in sich den Geist der Wahrheit und das Sendepotential des Alls.

Der geistig reife Mensch wendet sein Gefühlspotential an. Er schaut in allem die Wahrheit und wird vom universalen Gesetz, der Wahrheit, getragen.

Der geistige reife Mensch ist mehr der Gefühlsmensch, weil er gelernt hat, sich in alles hineinzufühlen, also hineinzuempfinden und hineinzuspüren. Er hat gelernt, was Senden und Empfangen bedeutet. Er spürt und fühlt die Tiefen seiner Mitmenschen und wird sie mit seinen wachen Gefühlen ausloten. Der Gefühlsmensch kann selbst in seine eigene Gefühlsebene eintauchen, ähnlich wie ein Taucher den Grund eines Sees zu erforschen vermag. Tief in der Gefühlsebene – symbolisch gesprochen, im Grund

des Sees – spürt er die beständig fließenden Kommunikationen mit dem ewigen Geist, dem universalen Gesetz. Immer dann, wenn der geistige Tiefentaucher, der wahrhaftige Gefühlsmensch, sich in die Tiefen seines Lebens hinabgleiten lässt, vernimmt er die reinen Kommunikationsquellen, welche die Symphonien des ewigen Seins sind.
Wer also weitgehend lauteren Herzens ist, erlangt den Zugang zu der unendlichen Fülle, zu der ewig fließenden Lebenskraft, die in jedem von uns strömt. Im Urgrund unserer Seele sind wir verbunden mit dem universalen, ewigen Gesetz des Lebens, mit Gott, unserem ewigen Vater, mit unserer ewigen Heimat, wo unsere ewigen Wurzeln sind. Ist unsere Gedankenwelt jedoch unfrei und „unsauber", dann befinden wir uns ständig im Oberbewusstsein und können nicht in die Tiefen des Lebens eintauchen.

Wer sich tagtäglich an die Gebote Gottes und an die Lehren des Jesus von Nazareth hält, wer also das Leben, das Gott ist, Schritt für Schritt verwirklicht, der tritt mehr und mehr in die Erfüllung der göttlichen Gesetze ein. Seine Seele wird dadurch lichter und wacher. Der Mensch erstarkt und festigt sich, weil er das Verwurzeltsein im Urgrund des Lebens mit dem universalen Gesetz, Gott, fühlt.

Menschen, die ernsthaft den Weg zum Leben wandern und Schritt für Schritt die ewigen, universalen Gesetze erfüllen, deren Bewusstsein ist erweitert und weitgehend frei von großen Belastungen. Ihr Bewusstsein wird mehr und mehr zum geschliffenen Edelstein, der viele Facetten der Unendlichkeit reflektiert.

Menschen, die im universalen Gesetz leben, sind die gerechten Menschen, die treu gegenüber Gott sind. Sie sind wahrheitsbewusst und schauen daher in allem, was auf sie zukommt, das, was dem wahren Leben entspricht – im Unterschied zu dem, was nur Schein ist.

Menschen mit höherem Bewusstsein haben das Auge der Wahrheit erschlossen. Sie schauen allerdings auch das Schillernde, das allzumenschliche Ich, und durchschauen, was dahinter verborgen liegt. Wer in der Wahrheit lebt, der wird vom universalen Gesetz der Wahrheit getragen; er fühlt sich frei und gottbewusst. Menschen im Geiste der Wahrheit haben zu beten gelernt. Sie wissen, dass Gebete verpflichten, das zu erfüllen, was der Betende denkt oder spricht. Jeder Mensch ist verantwortlich für sein Denken, Reden und Tun, für sein Senden und Empfangen; das betrifft auch die Gebete.

Jesus lehrte uns: *„Du aber gehe in deine Kammer, wenn du betest, und schließe die Tür zu; dann bete zu deinem Vater, Der im Verborgenen ist. Dein Vater, Der auch das Verborgene sieht, wird es dir vergelten."*

Sendung 25

Die vierte göttliche Grundkraft, die vierte Stufe zum wahren Leben: der göttliche Ernst

Leben im Geiste der Freiheit

Die Freiheit entfaltet sich ausschließlich aus der allumfassenden kosmischen Gottes- und Nächstenliebe, die die kosmische All-Einheit ist.
Wir Menschen lernen nie aus. Freiheit erwächst aus der kosmischen Gottes- und Nächstenliebe, die ohne die Einheit nicht sein kann. Die Einheit hat also viele, viele kosmische Aspekte der Freiheit, die es zu ergründen gilt. Der ewige kosmische Geist, das Gesetz der Freiheit, kann nur als Einheit als allgegenwärtig gesehen werden. Allgegenwärtig heißt all-durchdringend, göttliches All-Sein. Im Kleinsten, wie im Großen wirkt das All-Gesetz. Es ist die geistige Ur-Kraft aller Lebensformen des gesamten Universums. Auch die Bausteine unseres physischen Körpers

beinhalten das All-Gesetz, das Leben, den all-durchstrahlenden Geist. Jeder Atemzug eines jeden Menschen ist kosmisches, ewiges Leben, ist der Geist der all-umfassenden Einheit und Freiheit.

Freiheit nur in der Einheit. Wir Menschen begrenzen uns durch unser falsches, einengendes Denken, durch die Ichbezogenheit.

Den kosmischen Geist nennen wir Menschen im Abendland Gott Der wahre Gott ist die Freiheit, nicht der institutionelle Kirchengott.
Im Geiste der Freiheit gibt es keinen Zwang. Denken wir bloß an unseren Atem. Der Mensch atmet; er wird nicht zum Atmen gezwungen. Unser Atem gehört also zum kosmischen Leben, zum Geist der Freiheit, weil der Mensch atmet und nach dem Hinscheiden seines physischen Körpers die Seele weiteratmet. Das ist das Gesetz des All-Lebens. Leben kann nicht zerstört werden.

Vergegenwärtigen wir uns: Im Augenblick des Hinscheidens, also in dem Augenblick, in dem die Seele ihr physisches Haus, den physischen Körper, verlässt, atmet der kosmische Geist, Gott, das All-Gesetz, in der Seele weiter. Daraus ersehen wir: Wahres Leben ist ewiges Leben. Und Leben ist Freiheit. Der Atem ist Freiheit, weil Freiheit ewig atmet. Freiheit ist Unendlichkeit, weil das Leben unendlich ist. Unser Atem, von dem so mancher auch als dem Odem Gottes spricht, ist ewiglich. Wir atmen ewiglich, weil wir Geschöpfe, Wesen der Unendlichkeit, sind.

Um von allem Bindenden frei zu werden, sollte der Mensch als Erstes lernen, was Einheit bedeutet. Die Einheit entfaltet sich aus dem sich allmählich erweiternden Bewusstsein der kosmischen All-Liebe, gleich Gottes- und Nächstenliebe. Wer sich, ohne sich selbst zu überschätzen, auf der vierten Stufe, der Grundkraft der göttlichen Ernsthaftigkeit, also des göttlichen Ernstes, befindet, der hat gelernt, mit seinen Mitmenschen in Frieden zu leben. Er hält auch

dann Frieden, wenn der andere nicht vergeben, nicht verzeihen, kann.
In Frieden mit dem Nächsten zu leben heißt also, um Vergebung zu bitten, zu vergeben und wiedergutzumachen, was eventuell an Schaden entstanden ist. Wer daraus seine persönliche Erkenntnis zieht und gleiches und ähnliches Ungute nicht mehr denkt, redet und tut, der hat einen großen Aspekt der kosmischen Freiheit gelernt. Daraus entfaltet sich dann die Ernsthaftigkeit, was bedeutet, dass das Gewissen anschlägt, wenn wir erneut in ähnliche Situationen kommen.

Freiheit bedeutet aber auch tiefes Atmen, den Odem Gottes in uns bewusst aufzunehmen. Dadurch entspannen wir unser Nervensystem, und wir spüren mehr, als wenn wir verkrampft sind, wenn also der Atem kurz ist. Das Lernen, was kosmische Einheit bedeutet, heißt auch, zu spüren, zu erleben, dass Tiere ebenso atmen und dass Pflanzen den kosmischen Odem tragen. Sie spüren die vier Jahreszeiten. Die Tiere und die Natur sind frei, denn sie dienen dem mächtigen Schöpfergeist.

Die Einheit, die zur Freiheit führt, entwickelt sich auch in Bezug auf die Tier- und Pflanzenwelt. Ein Leitgedanke, den viele von uns schon aus unseren Kindertagen kennen, heißt: Quäle nie ein Tier zum Scherz, denn es fühlt wie du den Schmerz! – Das gilt ohne Einschränkung für das gesamte kosmische Leben, z.B. für Pflanzen, Bäume, Sträucher, Mineralien, für die gesamte Erde.
Ein allumfassender Lernsatz, fundamental für das Erdenleben, den uns Jesus von Nazareth nahe brachte, lautet: *„Was du willst, dass andere dir tun sollen, das tue du ihnen zuerst"*, anders gesprochen, um den Sinngehalt zu verstehen: *„Was du nicht willst, dass man dir tu', das füg' auch keinem anderen zu!"* – Zu den „anderen" gehört auch die Tier- und Naturwelt.

Worte des Lebens lassen uns allmählich bewusst werden, dass die Einheit zur Freiheit führt. Jeder

Mensch ist kosmisches All-Gesetz, alle Aspekte der Naturreiche ebenfalls. Ob wir vom Frühling, vom Sommer, vom Herbst oder Winter sprechen, in allem, was wir sehen und nicht sehen – auch in den Gestirnen, in den unzähligen Sonnen, in den Planeten, in den Milchstraßen –, ist das Leben. Leben ist der All-Geist. Leben ist das All-Gesetz, das wir im Abendland GOTT nennen. Gott ist Freiheit. Alles Sein ist umfangen und durchstrahlt von der Gottes- und Nächstenliebe, dem kosmischen Gesetz der Freiheit – und das ewiglich. Dasselbe gilt auch für Tiere und für die Natur.

Wir Menschen begrenzen uns durch unser falsches, einengendes Denken, das auf uns selbst, auf unsere kleine Welt, bezogen ist. Wir beschäftigen uns zu viel mit uns selbst und vergessen dabei, dass rund um uns und über uns das Leben ist, das zu uns gehört und in dem unbegrenzte Einheit und Freiheit walten. Wem die Freiheit winkt, der beginnt ganz allmählich, in Kommunikation mit allen Lebensformen zu gelangen, bis hin zum materiellen Kosmos und darüber hinaus zu den feineren Kosmen, bis hin zum Reich Gottes.

Mensch und Seele stehen ununterbrochen in Kommunikation mit den Kosmen, dem kosmisch ewigen Gesetz. Jeder einzelne Mensch ist der Mikrokosmos, der mit dem Makrokosmos in Kommunikation steht und des weiteren mit den feinerstofflichen Kosmen. Tief im Seelengrund, also im Urgrund unserer Seele, sind wir verbunden mit dem Reich Gottes, mit unserer wahren, ewigen Heimat. Infolgedessen sind wir als kosmische Wesen mit der Unendlichkeit in beständiger Kommunikation.
Alle Kräfte der Natur, sämtliche Tiere stehen unmittelbar in Kommunikation mit allen anderen gleichartigen Lebewesen in der Unendlichkeit, bis hin zum Reich Gottes. Tiere, Pflanzen, Mineralien sind also in beständiger Verbindung mit dem All-Geist, dem Schöpfergott, und somit in Kommunikation mit dem Makrokosmos und dem Reich Gottes.

Wir Menschen leiden aufgrund unserer Sünden, weil wir gegen das Leben handeln, indem wir Tiere quälen, malträtieren, sie mutwillig töten und ihre Kadaver verzehren. Des Menschen grausames, ja brutales Verhalten gegenüber den Naturreichen, gegenüber der Erde bedeutet Trennung vom All-Gesetz, vom kosmischen Gesetz, vom Leben.
Durch dieses trennende Verhalten wird der Mensch unfrei. Er bindet sich zum Beispiel an die Vorstellung, Tiere hätten keine Seele; infolgedessen dürfe man sie willkürlich benützen. Doch Tiere haben sehr wohl eine Seele! Töten wir sie, leben wir in Unfreiheit und somit im Unfrieden. Der Wahn unserer Vorstellung umfängt uns, lässt uns diese als Realität erscheinen. Aber diese gedanklichen Irrtümer sind fern vom All-Gesetz, das die Wahrheit ist.

Die Menschheit hat sich ihr Gesetz geschaffen, das heißt: „Trenne, binde und herrsche!" Unter der daraus resultierenden Willkür leidet die Menschheit. Das ist ihr Siechtum.

Wer Tiere missachtet, wer die Natur schändet, wer gegen die Erde ist, indem er sie ausbeutet, ist unfrei. Er hängt den Meinungen und Vorstellungen von Menschen an, die in der religiösen Wahnvorstellung leben, sie müssten sich mit allen Mitteln die Erde „untertan machen".
Was hat dieser Wahn gebracht? Nichts als Zerstörung, Not, Leid, Krankheit, Siechtum und vieles mehr. Würde das stimmen, was die Priestermänner der Menschheit infiltriert haben, sich die Erde auf brutale, ausbeuterische Weise untertan zu machen, die Tiere zu quälen und zu töten, dann wäre die Erde bestimmt friedlich. Aber die Erde ist ein lebender Organismus.
Wäre es dem Organismus Erde so angenehm, wie es die Priestermänner lehren und wie es die Menschheit hält, dann wäre die Erde sicherlich damit zufrieden; doch das Gegenteil ist der Fall. Die Erde bäumt sich gegen ihre Vergewaltiger auf. Wir Menschen sprechen lapidar vom Klimawandel. Die wenigsten Menschen stellen sich die Frage, ob das persönliche Klima des Einzelnen stimmt.

Die Menschheit als solche hat nicht gelernt, was Einheit bedeutet. Sie hat nicht gelernt, was Leben heißt, nicht gelernt, dass alles Träger des Lebens ist und dass alles, was wir sehen und nicht sehen, untereinander in Kommunikation steht. Das Leben, das in allen Menschen, in allen Seelen, in den Naturreichen, in der ganzen Unendlichkeit wirkt, kann nicht ausgelöscht werden. Es kann also von Menschen nicht zerstört werden.
Die Erde bäumt sich auf, und der Urheber „Mensch" leidet darunter. Diese Menschheit stirbt, und eine gereinigte Erde lebt auf. Das ist das Wort Gottes durch die Propheten: Ein neuer Himmel und eine neue Erde werden entstehen. Warum muss das sein? – Weil die Menschen auf Gottes Wort nicht hören.

Frei werden von Friedlosigkeit,
Machtstreben und Zwängen. Reif werden
für göttliche Inspiration

Viele Menschen sind unsachlich geworden. Sie sprechen von Ernsthaftigkeit und meinen damit Sachlichkeit. Doch in ihrer Sachlichkeit, die letztlich sogar der Unlogik gleichgesetzt werden kann, liegt keine Klarheit. Die meisten Menschen denken nur an sich. Vor allem die machtgierigen Weltmeer-Fischer, die Kapitäne der Geld- und Machtgier, die in ihrer Engstirnigkeit keine Grenzen kennen und für die „Vernunft" ein Fremdwort ist, sind letzten Endes unberechenbare Zeitgenossen. Ihre Parole lautet: Die Erde ist mein; ich will sie ausbeuten, gleich ausquetschen! Denn alles nur für mich!
Die wahre Ernsthaftigkeit, gleich Besonnenheit, ist ihnen unbekannt. Doch nur aus ernsthafter Besonnenheit erwächst die Klarheit und die Erkenntnis, dass Friedlosigkeit und Machtgier niemals zu Freiheit führen können. Freiheit bedeutet alldurchdringendes Leben, für das

dem Machtgierigen offenbar das Bewusstsein fehlt.
Das Leben zu schänden, Kriege zu führen, die Erde auszubeuten, ist gegen das kosmische Leben. Menschen, die sich so verhalten, bestrafen sich nach und nach selbst. Wenn sie dann vom kosmischen Geist, dem unpersönlichen Leben, hören, denken sie, sie sollten entpersonifiziert werden, was für sie das Schlimmste wäre, wo doch ihre Person so wichtig ist. Die Wichtigtuerei ist nichts anderes als das aufgeblähte, zerstörerische Ego, das in Wahnvorstellungen lebt.

Unpersönliches Leben heißt, sich nicht mit Vorstellungen, gar Wahnvorstellungen, zu begnügen, sondern Souveränität zu gewinnen, gleich Klarheit zu erlangen, was Leben bedeutet.
Schauen wir nicht auf die Geld- und Machtgierigen, nicht auf die Ausbeuter der Erde! – Sie, liebe Leserinnen, liebe Leser, sind gefragt. Jeder Einzelne von uns ist aufgefordert, frei zu werden, den Blick auf Den zu richten, Der der Retter des Lebens ist, auf den All-Geist, den Geist der

Unendlichkeit, Der Sie, Der uns alle aufnehmen möchte in das Gesetz der All-Liebe.
Blicken wir also nicht auf das Blendwerk, das vergeht, sondern auf das Licht, das ewig besteht!
Wir lernen, dass unpersönliches Denken und Reden nicht auf die Person bezogen ist, sondern auf das Leben, das den Menschen frei macht.

Unpersönliches Leben bedeutet unter anderem, mit den Menschen Frieden zu schließen und Frieden zu halten, auch dann, wenn der Mitmensch mit uns keinen Frieden schließen möchte. Was wir mit dem anderen nicht beheben, gleich bereinigen können, das sollten wir in unseren Gedanken beheben. Das geschieht, indem wir unseren negativen Anteil anschauen und erfassen, unsere Friedlosigkeit und Streitsüchtigkeit gegenüber dem Nächsten.
Legen wir also bei uns selbst die Messlatte an, um unseren Anteil, unsere Mitschuld, im Streit und in Zwistigkeiten zu erkennen! Streben wir die Bereitschaft an, unsererseits den Nächsten, der uns noch nicht vergeben möchte, in Gedan-

ken um Vergebung zu bitten. Wenn wir uns dann anderen gegenüber nicht mehr gleich und ähnlich verhalten – weder in Gedanken noch mit Worten –, so werden wir friedvoller. Das ist ein Grad der Friedfertigkeit, der zur Freiheit führt. Freiheit ist die Gabe des wahren, ewigen Lebens, denn Gott, das universale Gesetz, ist Freiheit. Das und einiges mehr sind die Merkmale derer, die wahrlich auf der vierten Stufe des kosmischen Weges sind, der nach Innen, zum Urgrund der Seele, führt.

Lernen wir auch, was freier Wille und was aufgezwungener Wille bedeutet. Wie oft hören wir vom freien Willen! Und so mancher denkt: Ich habe keinen freien Willen, denn ich muss tun, was man mir sagt.
Beginnen wir am Arbeitsplatz: Der Arbeitnehmer hat einen Vertrag mit dem Arbeitgeber geschlossen. Was der Vertrag beinhaltet, sollte vom Arbeitnehmer eingehalten werden. Der Vertrag wurde vom Arbeitnehmer gelesen und unterschrieben. Infolgedessen ist es kein Zwang sei-

tens des Arbeitgebers, sondern der Wille des Arbeitnehmers. Wollen uns jedoch Menschen, mit denen wir näher zusammenleben, ihren Willen aufdrängen, wehren wir uns zuerst dagegen und handeln dann doch notgedrungen wie gewünscht, damit Ruhe einkehrt, so ist die Situation eine andere. Wir sind mit unserem Nächsten keinen Vertrag eingegangen, dass wir zu tun hätten, was dieser will. Wer dennoch den Willen des anderen notgedrungen erfüllt, ist an diesen Menschen gebunden. Warum? Weil er unter dem Druck seiner inneren Abhängigkeit dessen Willen erfüllt und ihm häufig genug überdies noch zum Munde spricht. Das macht auf Dauer friedlos und unfrei.

Unpersönliches Leben ist Freiheit. Menschen, die ernsthaft und gewissenhaft ihr Denken, Reden und Tun hinterfragen, leben in dem Bewusstsein: Alles, was uns gesagt wird und das uns bewegt, hat *uns*, also jedem Einzelnen von uns, etwas zu sagen. Entweder liegt in uns Gleiches oder Ähnliches zugrunde wie das, was uns maßlos erregt, oder wir wehren uns ungehalten und aggressiv dagegen, weil wir es anders sehen und wir glauben, dass uns eventuell etwas aufgezwungen werden soll. Die Freiheit winkt dem, der sich ernsthaft und gewissenhaft hinterfragt, um sein Allzumenschliches, das wir auch Gegensätzlichkeit gegen die Freiheit nennen können, zu bereinigen und nicht mehr zu tun. Daraus entwickeln sich Ernsthaftigkeit, Klarheit und Freiheit, weil wir immer tiefer das durchschauen, was die augenblickliche Situation oder bestimmte Gespräche im Kern beinhalten. Dadurch wird der Mensch souveräner und letzten Endes freier.

Wer seinen Geist in die Freiheit erhebt, der empfängt mehr und mehr göttliche Inspiration. Er gewinnt an Lebenskraft und Sicherheit im Beruf, in der Familie, in der Gesellschaft. Die Treue zu dem Innersten des Nächsten heißt auch, unsere Mitmenschen nicht mehr zu kommandieren, sie nicht mehr auszunützen, sie nicht mehr durch scheinheilige Worte einnehmen zu wollen. Denn wer gelernt hat, dass jeder Mensch

den freien Willen hat, wird den anderen niemals zwingen, für ihn das zu tun, was er selbst tun könnte.
Wahren wir den freien Willen des Nächsten, also des anderen, dann werden auch wir frei; wir werden souveräner und unpersönlicher. Lernen wir, dass jeder Mensch vom kosmischen Gesetz mit dem freien Willen ausgestattet ist und für sich selbst Verantwortung trägt, dann werden wir ihn nicht mehr bestimmen wollen. Wir werden ihn dann auch nicht mehr gängeln und ihm unseren Willen aufdrängen. Wer sich daran hält, der entwickelt Souveränität und Freiheit.

Menschen, die aus ihrem Verhalten lernen, die also ihren Willen selbstkritisch hinterfragen, werden das kosmische Gesetz der Einheit mehr und mehr analysieren und letztlich zur Tiefenanalyse finden und erkennen: In allem ist das Leben, und Leben ist Freiheit.
Solche Menschen werden von oberflächlich orientierten Menschen, das heißt, von Menschen mit starren Vorstellungen, wie alles zu

sein habe, als unnahbar, oftmals auch als lieblos bezeichnet. – Warum? Weil der freie Mensch nicht schmeichelt und nicht zwingt. Der freie Mensch ist souverän und unpersönlich, denn er durchschaut die Dinge mehr und mehr, auch das, was Menschen unter Umständen in ihren Worten verbergen.

Machen wir uns bewusst: Schmeicheleien sind immer gefährlich. Sie deuten auf Schwächen dessen hin, der sie äußert. Sie vermitteln kein wahrheitsgetreues Bild. Kosmische Menschen, die weitgehend frei sind von Überheblichkeit und Machtgier, strahlen Wahrhaftigkeit aus. Das ist Leben. Ihr Erscheinungsbild ist souverän, offen und klar. Sie arbeiten konzentriert und bewusst. Wer also mehr und mehr in Gleichklang mit den kosmischen Kräften gelangt, die Leben sind, der fühlt sich frei und unpersönlich. – Warum? Weil er seine Mitmenschen nicht mehr zwingt und das Gesetz des Lebens achtet, das in Tieren, Pflanzen und Mineralien strömt, in der ganzen Erde, das in den vier Elementen der Atem des Lebens ist, für die Natur und letzten Endes auch für jeden Menschen.

Kosmisch denkende Menschen fühlen sich als der Mikrokosmos im Makrokosmos und darüber hinaus. Menschen, die kosmische Reife aufweisen, wenden mehr und mehr die ewigen kosmischen Gesetze an, die mit dem einen Wort bezeichnet werden können: Leben. Leben ist Freiheit, und Freiheit ist Unpersönlichkeit. Kosmische Menschen werden mit den positiven Kräften arbeiten, die nun mal kosmisch sind. Sie kommunizieren mit all dem, was um sie ist, auch auf die Arbeit bezogen. Wer lernt, mit allem in positive Verbindung zu treten, der erkennt auch das Ungute, um nicht zu sagen, das Boshafte und Bösartige, das in vielen Menschen verborgen ist.

Der Mensch, der sich geistig entwickelt, macht immer mehr die Erfahrung, was kosmisches Sein bedeutet. Wer also an sich selbst lernt, wird allmählich tiefer erspüren und tiefer schauen, um alles, was auf ihn zukommt, von innen her

zu durchdringen und zu analysieren. Denn kosmische Menschen lernen, das Innerste in allem zu erfassen.
Der Weltmensch, der sein Denken und Verhalten selbst verherrlicht, blickt nur auf die Schale, auf das Äußere, nur auf das, was auf ihn zukommt, um es mit dem Intellekt zu bewältigen. Das heißt also: In allem, was ihm begegnet, nimmt er die Schale wahr und ergründet selten den Kern. Mit der Zeit werden viele Probleme schal, weil sie von innen her nicht bewältigt werden. Das bedeutet dann Friedlosigkeit, Kampf gegenüber den Nächsten, Ausbeutung der Menschen, Ausbeutung der Natur, weil das schal gewordene Leben den Menschen letzten Endes aggressiv macht. Hat der Mensch jedoch gelernt, den Kern eines Problems zu ergründen, dann zeigt dieser auf, wie es auch zu lösen wäre.

Ein Merksatz für alle, die den Weg zum Leben gehen: Wer lernt, den Kern in allem zu erfassen und nicht nur auf die Schale blickt, der kann immer weniger getäuscht werden.

Wie bereits erwähnt, ist die Voraussetzung, um den Kern in allem zu erfassen – z.B. in Problemen, Schwierigkeiten, Angelegenheiten, bis hin zu Gesprächen –, dass wir mehr und mehr in der kosmischen Einheit leben, somit frei werden von Beurteilungen und Verurteilungen. Der Kern in allem ist letzten Endes die Sprache der Weisheit. Der Kern klärt auf; der Kern gibt dem Menschen Antwort, denn er ist das Gesetz des Lebens, das Freiheit ist. Den Kern im Ursprung unserer Seele nennen wir auch das Göttliche in uns, das Göttliche im Menschen.

Den Kern in allem erfassen – Zuwachs an Souveränität in allen Lebensbereichen

In unserer Zeit ist die Täuschung eines der größten Übel. – Warum? Weil die meisten Menschen sich mit der Schale begnügen und im Grunde genommen in ihrer ganzen Art selber schal, gleichgültig und oberflächlich sind. Das hat mit

Souveränität und Ernsthaftigkeit nichts zu tun. Lernen heißt, jeden Tag sich selbst zu stellen in Fragen wie: Bin ich genügend souverän, um für meine Mitmenschen ein Gewinn zu sein, um ein guter Arbeitgeber, ein treuer Arbeitnehmer zu sein? Kann ich dazu beitragen, in der Familie Frieden zu schließen und Frieden zu halten? Gelingt es mir, in Gesprächen nicht aufzutrumpfen? – und Weiteres mehr. Wer das lernt, wird auch dem Mitmenschen die Freiheit nicht nehmen, sondern ihm frei begegnen.

Der innere Quell ist immer das kosmische Gesetz, das wir auch Gott nennen. Es ist das ewig sprudelnde Leben, das Weisheiten über Weisheiten birgt. Einerlei, in welchem Lebensalter der Mensch steht – jeder kann lernen, um zu reifen, bis ins hohe Alter. Geistiges Lernen und Reifen heißt, sich selbst zu entdecken und sich aus den verschiedenen Perspektiven dessen, was der Tag aufzeigt, kennen zu lernen. Dadurch entwickeln sich das Bewusstsein und der Weg zu Einheit und Freiheit. – Das ist Leben.

Dem Menschen auf der Stufe des göttlichen Ernstes ist bewusst, dass der Nächste im Innersten ebenso wertvoll ist wie er selbst. Wer sich diese Einsicht zu eigen machte, der achtet jeden Menschen, weil jeder Mensch im Urgrund seiner Seele ein göttliches Wesen ist, das in der Anlage – oftmals ohne es zu wissen – dem All-Einen zustrebt, Den wir im Abendland All-Geist, Gott oder ewige Intelligenz nennen.

Auf dem Weg des Lernens sollten wir erkennen, dass der Mensch im Geiste der großen Einheit und Freiheit niemals ernsthafte, ehrliche Fragen unbeantwortet lässt. Das ist eine Möglichkeit, Hilfe zu geben, so dass der andere, der ehrlich Fragende, sich selbst finden kann. Das bedeutet wiederum, dem Nächsten die Freiheit zu lassen und solche Worte zu wählen, dass der andere sich nicht gemaßregelt, gar gezwungen oder gegängelt fühlt. Das und weiteres mehr ist unpersönliches Leben, das das Gesetz der Unendlichkeit und des Unendlichen ist. Unpersönliches Leben ist Dienen, aber nicht Dienern.

Eine große Aufgabe für uns Menschen wäre, weder Anerkennung noch Dank oder gar Lob zu erwarten. Denn wer Anerkennung, Dank und Lob erwartet, bindet sich letzten Endes an den Wunsch, dass ihm andere auf diese Weise ebenfalls entgegenkommen sollen. Das macht unfrei. Wenn des Menschen Denken, Reden und Tun aus der Freiheit erwächst, so wird die Erwartungshaltung immer geringer. Das macht frei. Schon der Versuch lohnt sich. Wir spüren nach und nach, was Freiheit bedeutet. Machen wir unsere positive Einstellung zum Nächsten nicht mehr von seinem Verhalten uns gegenüber abhängig, dann ist schon ein Schritt in die Richtung Freiheit getan.

Dankt uns ein Mitmensch, so geben wir den Dank an das Gesetz der Einheit und Freiheit weiter, an das All-Gesetz, das uns mehr und mehr beflügelt und frei macht. Sind wir weitgehend frei geworden, dann empfangen wir aus dem Leben der Freiheit, dem All-Gesetz, und wir werden einzig dem großen All-Einen Ehre und Dank erweisen. Und das macht wiederum frei.

Wer sich dieser Aufgabe stellt und sich darin einübt, wird sehr bald erkennen, welch eine Kraft und Macht ihm aus dem mächtigen All-Gesetz, dem mächtigen All-Einen, zuströmt, aus der großen All-Freiheit.

Ein weiterer Leitsatz, der zur Verwirklichung anstehen könnte, heißt: Selbstlosigkeit ist Souveränität. – Wer sich bemüht, dem Nächsten souverän entgegenzukommen, wer von ihm nichts erwartet, sondern vielmehr ihm dient ohne zu dienern, der beginnt zu erahnen, was unpersönliches Leben bedeutet und was Souveränität heißt. Er erfährt unter Umständen Anklänge, Aspekte einer Bewusstseinserweiterung.

Wachsen und größer werden – größere Gedanken wachsen und werden lassen

Ein weiterer Merksatz, der uns in das kosmische All-Gesetz führt, heißt: Wer nicht mehr auf sich bezogen ist, der ist allbewusst. – Durch einen solchen Menschen wirkt das All-Gesetz, der All-Eine, den wir im Abendland Gott nennen.

Führen wir uns noch einmal das ewige Sein vor Augen. Das ewige Sein ist Leben, ist Odem, ist Freiheit. Es ist unparteiisch, daher selbstlos. Denken wir auch darüber nach, dass das ewige Gesetz der Liebe, der Freiheit, der Einheit, groß ist, also weit über unseren allzumenschlichen Gedanken steht. Es ist groß im Vergleich zu unserem irdischen Wollen und Tun. Doch wir können wachsen und größer werden, dann, wenn wir uns ernsthaft hinterfragen, unser niederes Denken und Wollen bezwingen und größere Gedanken wachsen und werden lassen. Üben wir uns, aus dieser Perspektive heraus zu denken, zu handeln, ja, zu leben! Und sobald wir für uns persönlich etwas erwarten, das wir

selbst tun könnten, erinnern wir uns an die Worte des Jesus von Nazareth:
„Was du willst, dass dir andere tun sollen, das tue du ihnen zuerst!“

Liebe Leser, üben wir uns ein in die verschiedenen Aufgaben, die uns gereicht wurden, um zu wachsen und größer zu werden, dann werden wir der kosmischen Freiheit weiter näher kommen!

Lesen Sie auch …

Lebenschule zur Lebensbemeisterung

Der Weg zum kosmischen Bewusstsein

Band 1: Gabriele, die Prophetin und Botschafterin Gottes für unsere Zeit. Sie gab in unzähligen geistigen Lehrstunden und Gesprächen vielfältige Hinweise und Hilfen für die Schritte unseres Weges hin zum kosmischen Bewusstsein.

120 Seiten, kart. Euro 9,80. ISBN 978-3-89201-293-1

Band 2: Wer möchte nicht freier, unbeschwerter und sorgenloser durch seine Erdentage gehen? Gabriele zeigt auf, wie der Mensch die Ursachen seiner Beschwerden ergründen und sich zu einem wahrhaft positiven Leben erheben kann. - Inkl. Sondersendungen „Es gibt keinen Tod - der Tod ist nur das Tor zu dir selbst".

162 Seiten, kart., Euro 9,80. ISBN 978-3-89201-310-5

Band 3: Wer oder was ist Gott? Wer oder was ist das ewige Sein? Wie erlange ich Kommunikation mit dem wahren Leben? Wo gibt es Halt und Sicherheit? Wie kann ich mich von den Belastungen befreien? Und vieles andere mehr.

110 Seiten, kart., Euro 9,80. ISBN 978-3-89201-316-7

Band 4: Weshalb kann gerade in den disharmonischen Aspekten unseres Tagesgeschehens der Schlüssel für unseren inneren Fortschritt liegen? Können unsere Gemütsschwankungen ihre Ursache eventuell auch in Vorleben haben? Was bedeutet „Lebensgewinn" für uns? Und vieles andere mehr.

180 Seiten, kart., Euro 9,80. ISBN 978-3-89201-322-8

Inneres Beten

Herzensgebet, Seelengebet, Äthergebeet, Heilgebet

„Beten ist der Brückenschlag in die Realität des Geistes, in das Leben, das uns frei macht. Die Verbindung von der materiellen zu der geistigen Seinsebene wird durch Hinwendung geschaffen ..."

120 S., geb., Euro 12,00. ISBN 978-3-89201-096-8

Ursache und Entstehung aller Krankheiten

Was der Mensch sät, wird er ernten

Eine fundamentale Christus-Offenbarung aus dem Jahr 1986. - Aus dem Inhalt: Die Trennung vom Einheitsbewusstsein und die Entstehung der Materie * Die Störung der Erdmagnetfelder und Magnetströme * Die Rolle des Nervensystems bei der Entstehung von Krankheiten und Schicksalsschlägen * Wirkungsweise der Naturheilmittel * Die Quanten, die geistigen Energieträger * Die Chance der Reinkarnation ... u.v.a.m.

336 S., geb., Euro 18,00. ISBN 978-3-89201-319-8
